突发公共卫生事件下
军人心理服务工作手册

姜荣环　唐云翔　主编

清华大学出版社
北京

图书在版编目（CIP）数据

突发公共卫生事件下军人心理服务工作手册 / 姜荣环，唐云翔主编 . — 北京：清华大学出版社，2022.10
（2022.11 重印）
ISBN 978-7-302-58901-3

Ⅰ.①突… Ⅱ.①姜… ②唐… Ⅲ.①军人—心理健康—健康教育—手册 Ⅳ.① E0–051

中国版本图书馆 CIP 数据核字（2022）第 143380 号

责任编辑：孙　宇
封面设计：吴　晋
责任校对：李建庄
责任印制：曹婉颖

出版发行：清华大学出版社
　　　　网　　　址：http://www.tup.com.cn，http://www.wqbook.com
　　　　地　　　址：北京清华大学学研大厦 A 座　　　邮　　编：100084
　　　　社 总 机：010-83470000　　　　　　　　　　邮　　购：010-62786544
　　　　投稿与读者服务：010-62776969，c-service@tup.tsinghua.edu.cn
　　　　质量反馈：010-62772015，zhiliang@tup.tsinghua.edu.cn
印　刷　者：小森印刷霸州有限公司
经　　　销：全国新华书店
开　　　本：165mm×235mm　　　印　张：10.5　　字　数：119 千字
版　　　次：2022 年 10 月第 1 版　　印　次：2022 年 11 月第 2 次印刷
定　　　价：45.00 元

产品编号：092929-01

编 委 会

序　言

习近平总书记在十九大报告中明确提出实施"健康中国战略"，要为人民群众提供全方位全周期的健康服务，正如世界卫生组织（WHO）提出的"没有精神健康就没有健康（no health without mental health）"一样，促进精神健康也是"健康中国战略"的重要组成部分。

突发公共卫生事件可能引发严重的心理问题。2020年1月30日，WHO宣布新型冠状病毒肺炎疫情为"国际关注的突发公共卫生事件"。在2020年世界精神卫生日前，WHO针对世界130个国家和地区开展的调查结果显示，新冠肺炎大流行导致全球93%的国家的关键心理健康服务出现中断或停止，而人们对心理健康的需求则大幅增长。2021年《柳叶刀》报道，新冠肺炎患者在出院1年后仍有26%存在焦虑、抑郁等精神症状。

提升心理健康水平，促进突发公共事件的心理健康维护均需要大量心理工作者的投入，但我国心理卫生专业人才严重缺乏。在此背景之下，姜荣环、唐云翔两位教授主编的《突发公共卫生事件下军人心理服务工作手册》显得重要和及时。该书立足医务工作者的实际需求，回答了突发公共卫生事件中的最常见、最重要、最迫切需要解决的心理卫生问题，如：精神心理卫生服务应该遵循怎样的政策和原则，其具体实施路径该是如何，在实施过程中如何避免心理干预的二次伤害，面临一些特殊群体应该如何科学干预等。

该书的编写，既沿用了国内外的经典指南，又参考了最新的一些进展。尤其是，该书既有基础知识，又有实践应用，对一些案例性的描述，指导性较强，结合特殊群体的特点，详细介绍了具体操作流程。除此之外，还重点介绍了正念冥想等一些可操作性强、可自主实施的心理调适方法。

突发公共卫生事件的应急处置，往往需要部队医务人员紧急出动，快速投入救援。该书注重军事心理卫生的实践价值，用大量篇幅分析、汇总了可用于公共卫生事件下军人心理健康维护的实用、适用技术，针对性和可操作性强，对突发公共卫生事件下的军人心理健康问题进行了解读和精彩的分享。

面对新冠肺炎疫情，无论是确诊患者还是一线医务人员，无论是疑似患者还是密切接触者，无论居家隔离者还是广大防疫人员、警察、公务人员，甚至健康的普通民众，都承受着一定的心理压力。军人的防疫工作虽然做到非常好，但由于军人和其家属往往分居两地，家人不在身边，这种牵挂和不确定性也会引起比较强烈心理反应。

我相信，该书的出版，不仅有利于新冠肺炎疫情下的心理调适，而且有助于日常的心理健康维护，也将推进部队精神心理卫生工作更上一个台阶。

海军军医大学心理与精神卫生学系

联勤保障部队第 987 医院精神科

2022 年 7 月

前　言

2019 年年末新型冠状病毒肺炎（COVID-19）暴发，逐步蔓延至全球，造成大范围大流行。以"传播速度快、感染范围广、防控难度大"为显著特点，是世界范围的一次重大突发公共卫生事件，也是全球人民共同面对的重大灾难。

疫情带来的影响是巨大的，病毒的肆意蔓延不但带走了许多生命，给数十万家庭带来难以弥补的忧伤，同时也给社会经济和人民的生活带来了严重的冲击，延缓了社会的整体进步和有序发展。

作为世界上为数不多且有效控制新冠肺炎的国家，我们在"抗疫"斗争中充分展现了中国精神、中国力量和中国担当。在取得了阶段性伟大胜利的同时，我们的抗疫成果也向世界传递出了坚定的信念。这得益于国家领导人的正确指挥，得益于全国人民的众志成城，得益于医护人员和人民军队的奋勇向前。

人民军队，作为国家的重要保障力量，是家国稳定的"压舱石"。面对此次疫情，军队卫勤力量闻令而动、义不容辞地参与新冠肺炎患者的一线防治工作，与此同时，全体指战军人领悟军委指示要求，以最高标准落实各项防疫措施，从"防疫和抗疫"两个层面，向党和国家交出了领先于世界各国军队的完美答卷。

但在看到成绩的同时，我们不能忽视一线抗疫军人、被隔离军人及营区驻守军人等军事人员在抗疫应对中凸显的群体性或个体性心理健康问题。作为军人，日常的训练节奏被突发公共卫生事件打乱。在"抗疫"的战斗中，军人担负着不同的任务和角色。如何正确地维护军人的心理健康状态，对于可能会发生的异常反应及时的调整，快速恢复到最佳心理健康水平，保证战斗力是至关重要的。习近平总书记高度重视疫情防控期间的心理疏导工作，强调要"动员各方面力量全面加强心理疏导工作"。

在此背景下，"维护疫情下的军人心理健康，服务于战斗力"，是本书编撰的根本出发点。本书是由军事心理卫生工作者们结合自己的专业知识和抗击疫情中的实践经验，精心编撰而成。希望广大军队心理卫生工作者能从阅读中有所悟、有所得，对不足之处共同探讨。

同时，对在本书编写、出版过程中予以宝贵建议和帮助的各位专家、同道致以深深的谢意！

编　者

2022 年 8 月

目　录

第一章　突发公共卫生事件心理危机干预概述

第一节　突发公共卫生事件概述

一、突发公共卫生事件的含义

突发公共卫生事件是指突然发生的并造成或可能造成社会公众健康严重损害的重大传染病疫情、群体性不明原因疾病、重大食物和职业中毒及其他严重影响公众健康的事件。

突发公共卫生事件主要包括重大、急性传染病的暴发流行，群体性不明原因疾病，新发传染病，重大食物中毒，重大环境污染，急性职业中毒，重大动物疫情，以及由于自然灾害、事故灾难或社会治安等突发事件引发的严重影响公众健康的卫生事件（如大灾之后的大疫）。突发公共卫生事件针对的是群体而不是个体。

二、突发公共卫生事件的特点

1. **突发性**　虽然突发公共卫生事件存在发生征兆和预警的可能，但往往很难对其真实发生的时间、地点、影响程度做出准确预测和及时识别，开始可能其危害程度和范围很小，对其蔓延范围、发展速度、趋势和结局预测，不能引起足够重视。

2.多样性　突发公共卫生事件的种类呈多样化，主要包括细菌、病毒及不明原因引起的群体性疾病，各种原因引起的自然灾害，以及生化、核辐射等。2011年日本福岛核电站的核泄漏事故对居民、环境和生物造成了巨大伤害。

3.危害性　突发公共卫生事件危害涉及范围广，一方面可对人的身心健康产生危害，而且可能长时间在人们的心灵深处产生阴影，另一方面可对国家经济、社会安定造成不良影响，影响社会稳定和经济发展。

4.国际互动性　伴随着全球化进程的加速，国与国之间的交往日趋紧密，人员物资的大流通，必然会带来疫情传播的全球化。

三、突发公共卫生事件的四级响应

根据突发公共卫生事件性质、危害程度和涉及范围，可分为特别重大卫生事件（Ⅰ级红色预警）、重大卫生事件（Ⅱ级橙色预警）、较大卫生事件（Ⅲ级黄色预警）和一般卫生事件（Ⅳ级蓝色预警）四级响应。

特别重大突发公共卫生事件主要包括肺鼠疫、肺炭疽在大中城市发生并有扩散趋势；人群发生严重急性呼吸综合征、感染高致病性禽流感并有扩散趋势；涉及多个省份的群体性不明原因疾病并有扩散趋势；发生新发传染病或我国尚未发现的传染病的发生或传入并有扩散趋势，或发现我国已消灭的传染病重新流行；发生烈性病菌株、毒株、致病因子等丢失事件；周边及与我国通航的国家和地区发生特大传染病疫情，并出现输入性病例，严重危及我国公共卫生安全的事件。

四、突发公共卫生事件与心理健康的关系

突发公共卫生事件作为重大应激性事件，由于其自身的特点，如原因的不确定性、传播的广泛性、可能的物资缺乏、对生命安全的威胁，以及关于事件铺天盖地的信息，不仅影响人群的生理健康，同时会影响心理健康。

新型冠状病毒肺炎（简称新冠肺炎）疫情，对任何人而言，都是一个重大的应激事件。应激指的是个体面临的压力（如新冠肺炎）超出了其能够承受的能力，导致身心的失衡状态，表现为情绪、认知、行为和生理上的改变。

不同的人群，从普通民众到在不同岗位上坚守的工作人员，再到一线救援人员，在不同的时期会表现出不同的情绪、认知、行为和生理上的反应。绝大多数反应可以通过自我调节，随着疫情的控制而逐步缓解，但也有部分人员会受到这些反应的困扰，不能缓解，导致出现严重的精神心理障碍。

作为一名军人，我们往常的训练生活节奏也会因为突发公共卫生事件的发生而改变，并在抗击疫情的战斗中担负着不同的任务和角色。如何正确地认识军人的心理健康状态，对于可能发生的异常反应及时进行调整，快速恢复其最佳心理健康水平，这对于保护军人的身心健康，保证战斗力至关重要。

第二节　心理危机干预的原则和模式

一、心理危机干预的原则

1）心理危机干预是医疗救援工作的一个组成部分，应该与整体救灾工作结合起来，将心理危机干预纳入疫情防控整体部署，以减轻疫情所致的心理伤害。以促进社会稳定为前提，根据疫情防控工作的推进情况，及时调整心理危机干预的工作重点。

2）心理危机干预活动一旦进行，应该采取措施确保干预活动得到完整的开展。针对不同人群实施分类干预，严格保护受助者的个人隐私。实施的工作者和受助者均应当注意避免再受创伤。

3）对有不同需要的受灾人群应综合应用干预技术，实施分类干预，针对受助者当前的问题提供个体化帮助。

4）以科学的态度对待心理危机干预，明确心理危机干预是医疗救援工作中的一部分，并不是全面且万能的。

5）迅速确定要干预的问题，强调以目前的问题为主，并立即采取相应措施。

6）必须有其家人或朋友参与危机干预。

7）鼓励当事者树立自信，不要让其产生依赖性。

8）将心理危机作为心理问题处理，而不要作为疾病进行处理。

二、常见心理危机干预的模式

心理危机干预模式是由一系列涉及危机和危机干预的观点构成的各种理论体系，用于指导危机干预的具体实施。不同干预模式强调的关注焦点不同，采用的策略和技术方法也有可能不同。目前还没有哪一种干预模式能够包容所有危机干预的全部观点，这里仅介绍当前危机干预理论界常见的 6 种模式。

（一）平衡模式

平衡模式也称为平衡 / 失衡模式，适用于危机状态发生的早期阶段。危机中的个体常处于一种心理或情绪失衡状态，此时当事人处于急性应激、极度混乱、茫然无措的状态，失去了对自己的控制，原有的应对机制和解决问题的办法不能满足其需要，常找不到问题解决的方向，难以形成理性判断并做出适当的选择。该模式认为危机干预的本质就是通过各种方法恢复个体危机前的平衡状态。

危机干预的重点在于帮助当事人稳定情绪，在当事人达到相当程度的情绪稳定之前都不适合也不能够采取进一步的干预举措。常用的技术方法和行为包括以尊重、真诚及非侵入的方式接近当事人、倾听并帮助当事人平复情绪、协助当事人满足基本需求和应对问题、收集及提供信息、联系家人及社会支持等。例如，刚确认患上新冠肺炎的患者十分恐慌，无法配合医疗安排，危机干预工作者应聚焦于稳定其情绪，而不是急于探究其幼年是否经历过死亡威胁或遭受遗弃等潜意识层面的原因。

（二）认知模式

认知模式适用于情绪稳定但存有消极扭曲想法的当事人。该模式认为危机事件或情境本身不是当事人发生危机的主要原因，而当事人对危机事件及相关境遇的错误认知才是危机产生的根本所在。由此，该模式认为危机干预主要在于改变当事人对危机事件的歪曲认知。

危机干预的重点在于帮助当事人改变思维方式，识别及调整其认知中的非理性和自我否定成分，认清危机事件或境遇的真相，从而重获内在控制感。可让当事人发现、接受、反复强化和巩固关于危机情境的积极思维，从而排挤掉原来的歪曲认知，于是他们的情绪和行为也会发生相应的转变并带来对危机局面的控制。常用的技术方法有自动思维识别和认知调整、动机面询、创造意义等。例如，新冠肺炎疫情发生后，远离疫区且无任何接触史的当事人，认为病毒不可捉摸、无法防范而过度担忧，在家里时刻佩戴口罩、每隔数分钟就清洗消毒，但却为了抢购口罩不顾风险频繁外出。干预者应聚焦于其偏差认知，提供权威信息，从而使当事人能科学防范，减少风险行为。

（三）心理-社会转变模式

心理-社会转变模式适用于情绪已经基本稳定的当事人。该模式认为人同时具有自然属性和社会属性，人是由遗传禀赋和特定社会环境中的学习经验共同作用的结果。心理危机的产生既与内部因素如个性、认知风格等有关，又与外部因素如社会和环境有关。因此，在考察危机并危机干预时，关注点不仅包括当事人的内部特征，如认知风格、性格特点及应对技能，还要包括当事人所处的家庭、社区或工作环境，对于当事人内外因素间的相互作用也要给予关注。

危机干预的重点在于协助当事人整合内外部资源达到对生活的自主控制。常用的技术方法有家庭或婚姻治疗、团体或兴趣小组治疗、建立社会支持网络等。例如，疫情期间，对当事人的干预不仅要关注其本身歪曲认知的改变和应对技能的提升，还要协助其提升意识并寻求外部可利用资源，如社区服务、便民设施、国家政策，等等，从而渡过难关。

（四）评估 - 危机干预 - 创伤治疗模式

评估-危机干预-创伤治疗模式适用于危机事件后各阶段当事人。该模式认为应在评估分类的基础上，全程个体化心理救护当事人，由此整合了多个评估分类工具、心理危机处置程序及治疗技术手段。危机干预一般包括 7 个连续阶段：危机评估、建立良好关系、确认主要问题、处理感受、形成和拓展替代方案、制订计划和进行跟踪随访。这个模式不仅适合处理当事人危机的早期心理反应，还可用于处理当事人的行为紧急情况，如自杀或攻击行为。

危机干预的重点是先评估分类再给予个体化针对性处置，干预治疗要有连贯性。例如，疫情期间，在我国卫生健康委员会下发的《新型冠状病毒感染的肺炎疫情紧急心理危机干预指导原则》中根据不同暴露水平和反应程度，将疫情影响人群划分为四级六类，并给出各自相应的干预原则。对于确诊患者干预的原则是支持安慰、稳定情绪、评估自杀风险、提供信息等；对于疑似患者干预的原则是密切观察、及早救治、政策宣教、必要防护、服从安排、放松减压等；对于医护及相关人员的干预原则是定时轮岗、自我调节、有问题及时求助等；对于患者密切接触者（家属、同事、朋友等）的干预原则是宣教、安慰、鼓励、借助网络交流；对于不愿公开就医的人群干预原则是解释劝导、不批评、支持就医行为；对于易感人群及大众干预原则是健康宣教、指导积极应对、消除恐惧、科学防范。

（五）剧本 / 行动计划模式

该模式主要用于训练一线危机干预小组成员如何处置危机状态当事人。随着突发危机事件的增多，警察或相关救护人员往往在一线应对陷于危机状态的当事人，如出现了精神状态异常。该模式通过剧本 / 行动计划策略来教授一线应急成员如何评估当事人言语和非言语行为，如何利用言语谈判技巧来安抚表现有致命行为（如伤害他人或自己）的个体。该模式提出，开展四个简单行动与当事人快速建立信任和联系，从而缓解当事人的危机情绪。

1）以一种"我是为了你而来的，我不是威胁"的方式介绍自己。

2）尽可能地获知当事人的姓名，给予个体化回应。

3）危机干预者以当事人的视角，从情绪、行为和认知等多个维度来表述所看到的情况。

4）干预者汇总自己获得的信息情况，并反馈给当事人，以保证双方处于相同的信息背景下。

（六）折中/整合危机干预模式

折中/整合危机干预模式适用于危机状态的所有求助者。该模式认为所有人的危机都是既类似又独特的，应从效果最大化来考虑干预措施的选择。所以，该模式很少有理论概念，而是各种方法的混合物。它是从任务指向来操作的，其主要任务包括：①确定所有系统中的有效成分，并将其整合为内部一致的整体；②不确定任何特别的理论，保持开放心态，对有效的方法和策略进行不断地尝试；③根据时间和地点的最大限度，考虑所有相关的理论、方法和标准，用以评价和进行危机干预操作。

危机干预的重点是根据实际需要，自觉而系统地汲取并整合所有危机干预理论中有帮助的成分，使干预的效果达到最佳。它要求将各种理论和方法很好地结合在一起，选择适当的方式以切合当事人的需要。这往往意味着干预者要做大量艰苦的工作，进行大量的阅读、学习和实践，并得到其他专业人士的指导和建议，也要求干预者要有出色的技巧和直觉，因为在多数情况下选择更有效的干预策略是基于感觉，而不是科学的推断，所以折中模式也意味着要冒一定的风险，愿意放弃开始看起来是合适和有效的，但后来又不符合实际需要的策略。

三、危机干预中的 SAFER 模型

SAFER 模型是一个处于国际前沿领域的危机干预模型，来源于美国的国际危机事件应激基金会，于 1995 年提出并于 2015 年修正。SAFER 指的是以下 5 个英文单词或词组的第一个单词的首字母：Stabilize（稳定化）、Acknowledge the crisis（了解危机）、Facilitate understanding（增进理解 / 正常化）、Encourage effective coping（鼓励有效的应对）、Recovery or Referral（转诊 / 持续照顾）。

（一）稳定化（S）

首先是建立关系，危机干预人员在接危机干预热线时可以简单介绍一下自己，方便相互认识以建立信任关系，如"您好，这里是 ×× 热线，我是 ×××，很高兴为您服务。"在危机干预热线中，很多人处于危机状态，说话头绪很乱，半天讲不到重点，你可以在对方讲的时候进行评估，并用关切的态度询问对方"有一些重要信息我来问您好不好？"考虑到危机干预热线性质和资源利用等综合因素，对于沟通时间较长的热线，可以友好地提醒对方剩余时间，并询问"您还有什么最重要的话要跟我讲吗？"并根据严重程度酌情建议或转介后续咨询。其次是满足基本需求，危机管理需要在不同阶段做不同的干预，早期的危机干预通常最需要的是满足基本需求，包括衣食住行，保障有吃、有喝、保暖等。再次是减轻急性压力源，及时、准确地判断急性压力源，并合理利用社会资源帮助当事人。

常用的稳定化技术有安全岛、保险箱技术、大树的练习、移空技术、珠宝盒技术、光浴疗、内在花园和内在智者技术等。

（二）了解危机（A）

了解危机，一是了解危机事件，二是了解危机反应。了解危机就是让当事人叙述，邀请其描述整个危机过程，发生了什么，他做了什么等。通过叙述事情的经过，也可起到一定的情绪宣泄功能，他可能一边说一边哭，干预者要给予共情、理解。干预者要通过对方的叙述了解两个方面的内容：一是了解危机事件经过本身；二是了解亲历者的身心反应，即他在这个过程当中有什么反应。这个部分的信息收集和记录主要是为了后续的干预工作服务。

例如，一线军人抗"疫"很辛苦，可以用视、听、嗅、味、触等多个感觉通道让他们去回忆其曾经很熟悉的安全之地，如可以用引导语去问，"你在哪个地方是感觉特别舒服的、安全的，而且这个地方是有边界的、放松的？"去激发和唤起他们的躯体感受，就像吸收营养一样的，然后让身体再重新恢复战斗。

（三）增进理解/正常化（F）

利用上一阶段获得的信息，增进当事人了解自己在认知、情绪、躯体、行为和三观（人生观、价值观、世界观）五个层面的"异常反应"，都是对"非正常事件的正常反应"。

（1）认知层面：关于危机事件的想法。

（2）情绪层面：愤怒、焦虑、恐惧、悲伤、无力感、无助感等。

（3）躯体层面：疲惫、紧绷、麻木、心慌、胸闷、头痛等。

（4）动作层面：坐立不安、不停刷手机等。

（5）三观层面：如对国家的看法、对形势的看法、对职业的看法都会受到影响。

（四）鼓励有效的应对（E）

有效应对的方法有很多，主要包括相对安全感的建立、聚焦控制感训练、给恐惧感建立边界、自我力量的加强、放松技术、呼吸法、躯体控制技术。例如，一个经历危机的当事人，我们就需要帮他将目标聚焦于其能控制的范围内，通过聚焦帮他找到内在的控制感。治疗时需要看所受创伤也要看资源，但在危机干预中，当事人经历危机，需要资源取向。作为干预者，有一双善于发现资源的眼睛是很重要的。

（五）转诊/持续照顾（R）

危机干预人员需要对当事人进行评估，是否有焦虑障碍、急性应激反应、抑郁障碍或创伤后应激障碍等。若有需要应转介到上一级医疗机构给予相应的治疗。从而更好、更及时地帮助他们。

第二章　新冠肺炎疫情下军人常见的心理反应

第一节　军人常见的认知反应

面对突然暴发的新冠肺炎疫情，人们普遍会产生不同程度的应激反应。身在军营的军人，由于与外界接触少，信息来源有限，日常训练和生活节奏紧张，更容易产生各种生理和心理反应，其中就包括认知反应。

一、认知反应的概念

我们都知道，认知过程是人类心理过程的重要组成部分，主要承担着对外界信息和刺激的接收与处理功能。认知反应理论认为，人们在接到来自外界的信息后，会产生一系列的主动思考，这些思考进而决定个体对信息的整体反应。这与个体在长久的社会生活中形成的固定认知反应模式有关，人们在处理信息时，偏爱选择自身有把握的、习惯性使用的反应模式，选择从自身出发的对自身发展最有利的途径。例如，当上级要求加强管控措施、做好各项防护后，有的军人认为"我们很少与外界接触，为什么要大惊小怪、多此一举"，而有的军人则认为"这次疫情很严重，每个人都有感染的风险，有必要做好防控措施"。正是由于不同的认知模式，使他们产生了不同的认知反应。

二、认知反应的表现形式

根据认知反应理论，我们可以认为，在受到外界应激源刺激后，我们每个人都会产生不同类型和不同程度的认知反应，这些反应既有外在的表现形式，也有内在的表现形式，既有正性（积极）的反应，也有负性（消极）的反应。例如，某军人为了更多、更快地掌握疫情防护常识而避免被感染，识记疫情知识的专注度和记忆力明显比以往增强，这属于外在的积极的认知反应；某军人经常观看一些关于疫情的小道消息和负面消息，认为防控不利、疫情不可控制、人心冷漠，这就属于内在的消极的认知反应。

三、认知反应的特点

一般来说，适度的应激可以使人的注意力、记忆力和思维能力增强，以适应和应对外界环境变化，这是积极的心理应激反应。但强烈的应激却会使人出现意识模糊、意识范围狭小，注意力受损，记忆、思维、想象力减退等负面的心理应激反应。

多数情况下，军人能够比较容易地辨认出情绪、行为和生理反应，但对认知反应的察觉不够、辨认不清，主要是由于前者能够外显表现，能够直接观察，但是认知反应大多数属于人们的内在心理活动，很少能够外显出来，也就很难被发现和识别。一方面，认知反应作为突发事件中心理活动的一部分，能够作为独立因素影响军人的日常生活；另一方面，根据认知应激作用过程理论（Folkman S & Lazarus 等）和应激作用过程模型（李心天，1991；姜乾金，1995）（图 2-1 和图 2-2），认知反应又可以作为应激过程中情绪和行为反应的中介因素而起作用。与此同时，由于心理过程是一个整体系统，应激过程产生的情绪和行为反应同样也会影响我们的认知。因此，正确认识和准确识别疫情之下军人常见的认知反应，对于弄清军人外在的情绪行为和生理反应的缘由及精准开展后续的心理干预有着十分重要的意义。

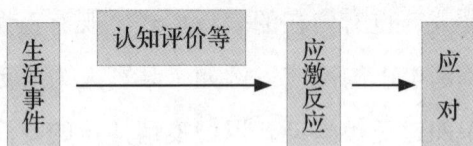

图 2-1　应激作用过程模型（李心天，1991）

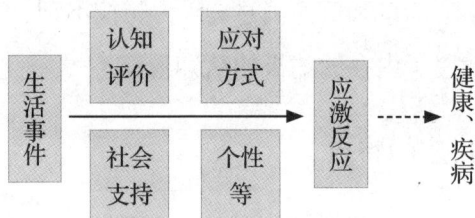

图 2-2　应激作用过程模型（姜乾金，1995）

四、军人常见的负性认知反应类型

军人常见的负性认知反应主要有感知觉异常，如他人碰一下就有特别强烈的反应，总觉得身体哪个地方不舒服，总感觉喉咙发痒，或者一听到有关疫情的消息就非常敏感；记忆力减退，容易忘事；注意力下降，如容易开小差、走神，无法坚持较长时间做一件事；推理和判断能力下降，如在需要拿定主意时无法果断、正确地做出决策；持有的非理性信念增强，如过多选择关注负面信息、灾难化认知、片面思维等（非理性信念的详细内容可参照表 2-1 予以辨别）。

表 2-1　疫情之下常见的非理性信念

非理性信念	主要内容和实例
主观臆断	没有根据、证据就作出结论。面对疫情，有的人说"我肯定逃不过这一劫了"，可能他都不在疫区，自己也没有症状，身边的同事、邻居也没有异常。如果他总是这么想，会对自己的心理产生不良影响。
选择性概括	仅根据对某一时间、某一方面的细节就形成结论。有的人说，"他那天咳嗽了，他一定是感染新冠肺炎了"。根据"咳嗽了"这样一个细节，就得出"别人生病了"的结论。如此当他面对患者必然会使他产生恐慌。
过度概括	根据一个偶然的事件，得出一种极端的结论，并将其用于不相干的事件或情境中。例如，某次测体温是 38.1℃，就认为身体状况不好，被感染了。
夸大或缩小	有的人夸大事情的后果，"我的同事生病了，太可怕了，一定与疫情有关"；有的人却不以为然，忽略了问题的严重性。
个性化	没有根据地将一些外部事件和自己联系起来。例如，认为"家人感染了，这都是被我传染的"，由此产生自责内疚等情绪。
中心化	以自己为中心，认为别人都会关注自己，评价自己。有些人过度保护，理由是"我被感染了，别人都会埋怨我"。因此，既害怕疾病，又害怕因病影响人际关系。
错贴标签	不小心走路摔了一跤，就贴上"我是个倒霉蛋儿"的标签。
极端思维	考虑事情不成熟，非黑即白。"没被传染，就是身体好，不然就是身体不好"。
关注负面信息	有些人关注的始终都是负面的信息，面对疫情，正面的信息是：全国积极抗击疫情，大量医务工作者赴各地救援。有些人视而不见，执着于患病人数越来越多，心理必然受到影响。
片面思维	只注意事物的某一方面，而否定了另外一个方面，注意了消极的一面，就看不到积极的、乐观的一面，从而被那些消极悲观的负性的情绪所困扰。例如，有的人只看到了疫情对全国的影响，却没有看到我国乃至全世界为抗击疫情所作出的努力和贡献。
糟糕至极	遇到事情总是将结局、灾难化。面对最坏的结果，必然产生强烈的情绪反应。例如，有的人会说"我家人被感染了，我肯定也会被感染，我的人生无望了！"

下面主要从普通军人、确诊或疑似感染及密切接触者3类不同人群的认知反应进行探讨分析。

（一）普通军人的认知反应

疫情下的普通军人主要包括在岗正常参加学习训练和日常生活的军人、休假在家的军人及从（或途经）疫情严重地区返回驻地并接受集中医学观察的军人，均属于易感人群。面对疫情的初期发展，有的军人会表现为不太重视其传染的严重性，并且存有侥幸心理；随着疫情的发展，感染和死亡人数的上升，有的军人开始出现不良认知反应，不能接收正面信息，容易轻信谣言。受疫情影响，普通军人主要会产生以下认知反应。

1.感觉思维过敏　在突发疫情面前，我们的身体和思维的敏感性会增强，这有利于我们的身体和心理的机能应对剧烈变化的环境，但是反应过度则会对我们的身心造成不必要的伤害。由于缺乏对病毒结构、传播途径、预防措施的认识，一些军人会认为自身感染风险高，对身体各种感觉过分关注，对自己和他人是否需要随时佩戴口罩的行为、是否有咳嗽症状特别在意，并将身体的各种不适感与疫情联系起来，进而表现出疑病、思维敏感、无端感到疼痛等反应。

2.认知功能受损　受到疫情事件及大量疫情信息的干扰，许多军人会持续关注各类信息，过分担忧疫情形势，导致精力分散，产生注意力不集中、记忆力下降、健忘、思维迟缓及推理和判断能力下降等反应。休假在家无法归队的军人，由于受到当地政府和社区管制措施的影响，产生对疫情信息的过多关注，导致注意力范围变窄，忽略周围环境的变化。这些反应均在集中医学隔离观察的军人身上表现得较为明显。

3.消极信念增多　看到疫情的扩散，受到虚假谣言和负面信息的影响，个别人表现出对疫情发展态势的悲观失望，对防控措施抱有怀疑、否认或指责的态度，对未来失去信心；接受集中医学观察的军人，会认为自己没有患病，觉得隔离观察是小题大做而产生消极认知。

4.盲目乐观心态　面对严峻的疫情形势，党和国家都在不遗余力地保障人民群众的生命健康及生活不受影响。作为军人，面对疫情时适度的乐观是必要的。但是，部分军人抱有"疫情很遥远，不会有危险""我抵抗力强，不会被感染"的错误想法，产生盲目乐观的认知，有的甚至会认为事不关己、不听领导和战友的告诫与要求。事实上，即使采取了一定防护措施，也不可能保证100%不被感染。此外，当后续疫情形势得到控制后，部分军人也会产生乐观想法，认为疫情已经过去，进而放松了防控措施。

5.心理控制感减弱　由于失去了对工作状态和生活节奏的控制感，军人会产生对部队严格管控措施的不理解和认知偏差，认为是"小题大做""自己吓自己"，或者对从疫情严重地区归队的战友产生偏见，责怪他们是"病毒携带者"或者是"罪魁祸首"，甚至会向身边人发泄情绪。

持有消极信念的认知反应对军人的影响案例

战士小王身体体质较差，容易生病，抵抗力差。面对疫情，认为自己更容易被感染，因而对自己的健康安全感到忧虑，睡不好，吃不下，产生恐惧、沮丧等情绪，对抗击疫情感到没有信心，不知道什么时候能结束；又消极地认为"反正我总会生病"，预防也没有什么意义，产生无助、无力等情绪。

（二）确诊或疑似感染军人的认知反应

确诊或疑似感染的军人，在隔离治疗期间要面对工作人员、陌生的环境、未知的结果等情况。患病军人容易出现震惊，不知所措，甚至"麻木"，反应迟钝，注意力难以集中，以致整个人精神恍惚。因此有些患病军人极力否认，认为是医生弄错了；而有些则觉得自己被命运捉弄，"为什么偏偏是我？"控制不住焦躁的情绪。而治疗期病情的波动也会极大地影响患病军人的心理，他们会变得敏感，听到医务人员低声谈话便疑心自己病情加重、医生在隐瞒病情，进而沉浸在恐惧中，甚至因感到治愈无望而放弃治疗；也可能出现各种猜疑，变得不信任医护人员，不配合治疗；也有些人病情稍有缓解便盲目乐观，病情稍有恶化又难以承受。

确诊感染的患者主要的认知反应有以下 4 种。

1. 偏执想法　表现为看问题狭窄、偏激、认死理。平时表现得很理智的人，此时也会变得固执、爱钻牛角尖，蛮不讲理；也可表现为过分自我关注，注重自身感受、想法、观念等内部世界，而忽视外部世界。

2. 灾难化认知　表现为过度夸大应激事件的潜在危险和消极后果，认为自己是无助的，身边人是可怕的，人心是冷漠的。尤其在信息化时代，面对扑面而来的真真假假的疫情信息，患者更容易关注负面的、消极的事件报道。

3. 强迫思维　大脑中反复回想与疫情相关的事件，越想摆脱却越难以控制，导致每天花费大量的时间和精力在思维的强迫与反强迫斗争中，影响正常的训练与生活。

4. 绝对化（非黑即白）思维　选择性关注消极信息，敏感多疑，选择性遗忘等认知反应。

案例

> 一名确诊患者入院后对医生说："我从来没吃过什么野味，身边也没有哪个人患过这次的肺炎，我怎么可能是阳性？你们是不是搞错了呀！我就是被冻着了，这就是普通的感冒，我每年这个时候都会感冒的。我告诉你们，如果你们弄错了的话，是要负责任的！"

在这场没有硝烟的对抗新型冠状病毒肺炎疫情的战斗中，疑似患者在承受身体痛苦的同时也面临着更多未知的恐惧。

1. **不确定感**　与确诊患者相比，不确定感是疑似感染患者最大的心理特征，如能不能康复、会不会有后遗症、疫情会如何演变等，但他们因为有自身是否已被感染这个悬念，所以不确定感几乎是最强烈的，而强烈的不确定感会让患者感到巨大的焦虑和恐惧——对生命安全的焦虑，对死亡的恐惧等。人们无法接受自己的健康状况摇摆于正常与危险之间，需要急切地寻求某种确定性的答案，从而出现强迫性的搜索行为，患者常会寻找和渴求任何看似确定的信息，又不断地怀疑信息的正确性，人变得敏感多疑、犹豫。

2. **灾难化认知**　面对健康的威胁和生命的不确定，焦虑、恐惧会被我们很多不由自主地闯入性灾难化想法加剧和放大，特别是在信息技术发达的年代，很多时候我们会自觉或不自觉地被淹没在疫情相关的信息激流中，刷着微博，看着朋友圈，隔几分钟就拿出手机来看一看，越看越担心，越看越害怕，特别是社交媒体上带有情绪的、个人化的消息，使我们产生了巨大的恐惧感和无力感。

（三）密切接触者的认知反应

当军人得知自己是新冠肺炎患者密切接触者，这对个体心理的影响是多方面的。这类军人不像其他普通军人，仅是对未知的恐惧。密接军人是真实的面对疫情的人，并且由于该病潜伏期较长，他们比医护人员更易被传染，同时也更有可能传染给其他群体。在负性情绪的支配下，这些军人看待事物的"心态"也会发生扭曲。

1.认知范围变窄　容易专注于与自身担心的疾病等相关的内容，病急乱投医，甚至迷信各种防病"偏方"。严重者为此钻牛角尖而难以自拔，虽多次排除诊断仍不肯相信，急于"求治"。

2.负性注意偏向　他们不再关心身边积极的事物和周围环境中的其他事物，而是将注意力过度关注在消极后果或负面信息。

3.自我中心化　外界发生的任何与其关注点有关的事，都极易令其"对号入座"，认为是不是在说自己，或者是不是自己引发的。

4.否认客观事实　也有个别军人潜意识里否认现实危险的存在，认为自己身体好、抵抗力强，不可能感染新冠肺炎，即使感染了也会通过免疫力自愈，从而不严格遵守疫情期间的隔离制度和管理规定。但是随着自身担心疾病警报的解除，大多数人会逐步恢复到正常思维和认知状态。

5.反刍思维加剧　反刍思维是指经历了负性事件后，个体对事件、自身消极情绪状态及其可能产生的原因和后果进行反复、被动的思考。密切接触者由于尚未解除危险，这类军人会反复回忆与患者接触的各种细节，包括什么时间接触过、在哪里接触的、接触时的距离和持续时间，后来自己又去过哪些地方和哪些人接触过等等，企图再三确认自己是否有感染或者再次传染给他人的可能性。

案例

> 　　某部一位军人的家人被确诊为新冠肺炎，他说："得知我家人确诊的那一刻，我像是拿到了最终审判书一般，被震惊得哑口无言。""他会好起来吗？他会不会不治身亡？我会不会被感染？我身边的人会不会也被传染？早知道我就不休假回家了"，甚至想到"我这么年轻，还不想死。"这些想法在他的脑海中挥之不去。同时，面临着铺天盖地的信息，那份釜底抽薪式的恐惧和焦躁让他无法言说。

第二节　军人常见的情绪反应

　　自新型冠状病毒肺炎疫情发生后，随着确诊病例数和死亡人数的增加，军营开始实行封闭管理，每日消毒检测，出门要戴口罩，一旦"隔离"意味着与他人的接触会受到限制，会被他人有意疏远和躲避，等等。这些打乱了军人日常的生活和训练状态，每个人都或多或少感到压力，因为害怕危险、害怕死亡是我们人类长期进化而保留下来的本能。在持续压力下，军人容易出现一些情绪反应，这些情绪反应虽然是非正常情况下的正常反应，但部分人的紧张焦虑、恐惧、抑郁等情绪若未及时得到正确处理，容易泛化到与疫情有关的所有事情甚至是其他无关紧要的事情上，即情绪敏感化，从而表现出过度应激，影响身心健康。

　　疫情之下，军人常见的情绪反应包括恐慌、担心、焦虑、多疑、抑郁、愤怒、激惹、冲动、孤独、无助等，具体因处境不同而有所差异。

一、普通军人的情绪反应

1.焦虑烦躁　应激情况下，焦虑是最常出现的情绪反应。重大疫情下，正常的训练、生活秩序被打乱，甚至正常的体能训练也无法进行，替而代之的是每日消毒和情况摸排，各种表格填写和报备等琐碎事情，使感到无聊、烦躁和苦闷。有的人每日接收的负面消息过多，可能产生焦虑、恐惧情绪，不停地担心，特别关注身体的各种变化，感觉病毒离自己很近，将自身各种不舒服与新型冠状病毒肺炎联系起来，怀疑自己是否生病，不断地查看各类相关信息，甚至怀疑公布疫情数据的准确性，反复多想，甚至诱发或加重强迫行为。当听说周围有人感染时，可能还会反复回忆自己是否有过接触，焦虑不安，甚至偶有咳嗽、鼻塞就开始怀疑自己患上了新冠肺炎，焦虑感更甚。这种焦躁不安的状态，会使人的心跳加快、心慌、呼吸变得快而浅、坐立不安、夜不能寐等，这是典型的焦虑反应。焦虑状态下，出现易激惹，易与他人产生摩擦和冲突，甚至不服从管理。

2.惶恐不安　惶恐是一种遇到灾难时内心感到害怕不安的情绪反应。随着疫情有关信息的即时更新，网上充斥的负面情绪也日渐浓重。由于对疾病本身具有恐慌情绪及科学防护信息的缺乏，过多不正确信息不间断地"输入"到我们的大脑中，给我们持续发送着"危险警报"，部分人可能过分担心，害怕不安，不敢按电梯和触摸门把手，有反复洗手、消毒等行为及想法。这些想法和行为可能会使焦虑情绪发展为恐慌情绪，导致一系列盲目从众和不良行为。如宣传迷信，抢购囤积与疫情相关的物资。

3.愧疚无力感　由于封闭管理，无法回家，家里妻儿和父母得不到自己的情感支持和实际帮助而抱怨，家里有紧急事情而无法回去处理，或家在重灾区，无人帮忙照顾父母，担心亲人感染新冠病毒，担心亲人衣食住行和防护物资缺乏，自感无力，心生愧疚。

4. 抑郁情绪　面临灾难，我们常看到生命的无常与脆弱。这让有些人更加珍惜生命，也会让有些人觉得人生无常、很难控制、没有价值和意义感。在重大疫情下，受到舆论氛围影响，容易产生悲观、失落、无奈等"不良情绪"，导致突然间对许多事情的兴趣降低，以及不自觉地倾向于关注负面的报道，思考事情也容易往坏的一面想，负性情绪被无限地放大。过多负面信息的接收，也可能会激活我们过去内心的创伤和不良体验，造成某些替代性创伤，表现出抑郁样情绪，如伤心、难过，情绪低落，消极悲观，没有兴趣，没有动力，不愿意参加集体活动等。低落抑郁的情绪如果持续时间过长，可能导致生活规律紊乱，如食欲减退或猛增，体重出现明显的波动，甚至出现性欲下降、注意力难以集中、睡眠问题等，严重时甚至有悲观厌世想法。

二、确诊或疑似感染军人的情绪反应

（一）确诊的军人

确诊的军人不仅遭受着躯体痛苦，而且承受着巨大的心理冲击，情绪反应比普通军人更加强烈。通常来说，在隔离治疗初期可能会先后出现否认、愤怒、恐惧、焦虑、抑郁、失望、绝望等情绪。在隔离治疗后期，除上述可能出现的情绪外，还可能出现因孤独或病情反复，表现出更加恐惧等。在治疗结束，解除隔离后，可能会因病耻感而抑郁和焦虑。

1. 焦虑和烦躁　由于新型冠状病毒肺炎目前尚无确切有效的治疗手段，确诊感染的患者对于未来自己会是一个什么结果，感到极度的担忧和不安，他们担心病情恶化，担心无法治愈或留下严重的后遗症，对今后的生活和职业有影响。他们不但面临着前所未有的死亡恐惧，而且还担心与自己接触过的家人、朋友的安危，为此焦虑，甚至自责。焦虑会让他们对自己躯体各部分的反应更加敏感，无限放大各种躯体不适，进一步加重焦虑情绪，进入恶性循环。

2.恐惧和绝望　恐惧是一种遇到灾难时惊慌害怕的情绪反应，表现为没有信心和能力战胜危险，欲回避或逃跑。大脑边缘系统中的杏仁核是负责情绪反应与情绪调节的脑区，确诊的巨大压力事件会令大脑杏仁核的敏感性增强，平时偶尔的心慌不会觉得有什么，但是这个特殊时期却会很害怕跟病情加重有关系，更为恐惧，更敏感。当病情反复或恶化等时，恐惧会加重，人类与生俱来的对于死亡的恐惧会凌驾于其他情绪之上。病友痛苦地呻吟，甚至会有病友死亡，更会加重恐惧和绝望。

3.抑郁和无助　面对突如其来的疾病袭击，感染军人不知如何面对既定的事实，病前对未来的生活和职业的规划等都被打乱，生活没有了希望，对所有事情失去兴趣，原有的"世界"轰然崩塌，感觉自己成为家人和单位的负担，生活充满痛苦与绝望，无法坚持，出现丧失感、无助感和绝望感。无助感会让患者表现为听天由命、被动的行为状态。在这种悲观消极的情绪背景下，对治疗缺乏信心。

4.孤独和寂寞　孤独、寂寞是一种缺少陪伴、感到孤单或内心没有着落的情绪反应。隔离病房是一个严格封闭的环境，患者不能有家属留陪，为了减少交叉感染，同病房病友之间尽量减少接触交流。随着隔离治疗的时间延长，长时间的缺乏与外界沟通和交流，孤独寂寞感也会出现。

5.愤怒和暴躁　愤怒、暴躁是与挫折和威胁有关的情绪状态，由于目标受到阻碍,自尊心受到打击,为排除阻碍或恢复自尊而引发,多伴有攻击性行为。确诊的军人对自己未来不可预知的恐惧,对生活的失控感,以及感受到外界对自己的隔离,这些会让他们感到无助和愤怒。愤怒是重大危机事件中很常见的反应,因为我们面对疫情,个人的力量十分渺小。我们身处其中时,会有强烈的无助感,无法去控制。人在无力感面前,一部分会变成抑郁,另一部分会以愤怒的形式发泄。而且这时,我们就会变得很敏感,有时对一些不力措施会感到很愤怒,在这种情绪下会更加关注那些不公平的事情。

（二）疑似感染的军人

由于新型冠状病毒肺炎的确诊需要实验室检查及临床观察,在等待诊断结果期间,疑似军人的情绪反应主要表现为恐惧、否认、担心、焦虑、不安、孤独、愤怒等。

1.**焦虑担忧**　有的人抱侥幸心理,不重视疾病和躲避隔离而焦虑、烦躁;有的人可能整日忧心忡忡,惶恐不安,无法静下心思考和做事,既希望能尽快被排除感染而回归正常状态,又担心自己被确诊为感染者,害怕面对现实。由于过度担心和矛盾心理,出现焦虑和担忧。

2.**抑郁内疚**　焦虑和抑郁往往结伴存在,疑似的军人持续焦虑担忧,有人慢慢出现抑郁样情绪,消极悲观,甚至悲伤、绝望,或者出现睡眠、饮食等行为问题。此外,突然从正常生活进入医院或隔离状态,对这种变化一时难以接受,表现出表情淡漠、悲伤、易怒等。有的则表现出自责内疚的情绪反应,因为新型冠状病毒存活期较长,潜伏期不易被察觉,有的人一旦被确诊则担心之前与自己有过接触的亲人朋友有被传染的风险,而感到十分内疚,有极大的自责感,感觉自己是"罪魁祸首",连累了家人和朋友。

三、密切接触者的情绪反应

密切接触者不仅需要担心战友或亲人朋友的病情和不良后果，同时作为密切接触者，还会忧心自己被传染的可能性，承受一定的心理压力。

1. **焦虑担忧**　密切接触的军人，有的可能存在不安、等待期的焦虑担心。由于无法预知疫情何时会缓解，也无法让它停止，更不知道自己会不会被传染，人们自然而然地就会担忧接下来的生活和工作会受到什么影响。在大量的不确定和失控状态下就会陷入焦虑恐慌的情绪中，并忍不住不停地在网络上查看、搜索各种相关信息，试图获得一些掌控感和心理上的安慰，结果更加焦虑，形成恶性循环。此时，我们要通过正确的信息传播和交流，明知以明心，释放紧张情绪。

2. **盲目乐观**　当然，有少数密切接触的军人，可能自觉没什么问题，存在"我抵抗力强，不可能感染"的错误想法，产生盲目乐观的情绪，盲目勇敢，拒绝防护和居家观察，从而对组织要求的居家观察不满而出现怨恨、愤怒等情绪。所以，我们应以宣教、安慰、鼓励交流为原则，进行政策宣教、鼓励面对现实、配合居家观察。

3. **抑郁悲观**　部分密切接触者会认为这种疾病无药可治，或担心传染给他人，没尽到保护责任，或害怕隔离解除后不被大众接受等，或周围的亲人因为感染去世而感到悲伤难过，进而出现消极状态，甚至出现自杀的念头或行为。另外，由于惯常的生活工作状态被改变，被迫隔离观察，失去了与他人和工作的连接，自身很多的存在感、价值感、意义感都无法感受到并体现出来，这时容易产生抑郁情绪。

4. **冲动激惹**　冲动、激惹是一种感情特别强烈、理性控制很薄弱的心理现象。密切接触者在观察期，个人自由时间充裕，每日可能有更多时间关注各种社交媒体上充满负面信息和不良情绪的文字，这是人类进化的本能，习惯于关注不良信息和危险，但过多负面消息会带来一定的压力。有些人在压力下变得极度敏感，有时可能因为过分敏感而因一点小事就急躁、发脾气，甚至出现冲动行为等。

结语

以上针对不同处境的军人在疫情期间可能出现的情绪反应做了简单介绍。现实中，可能几种情绪交替出现，并且波动很大。以上几种想法和情绪可能会轮番出现，如有的人可能一会儿特别惊慌，无法安静，什么也做不了，也可能过一会儿又想嚎啕大哭，然后看到网上某个新闻后又非常生气。我们需要多关注自身的情绪变化，及早识别并接纳和理解已经存在的各种情绪，所有这些反应都是在疫情的非正常情况下的正常情绪反应。在此基础上，应有意识地运用一些合理的方法去管理和调节自己的过度情绪反应，具体调节方法请参考实践技能部分的内容。

第三节 军人常见的行为反应

一、普通军人的行为反应

没有与患者密切接触的普通军人，看起来是在疫情中最幸运的群体，但这些人也会因为正常的生活规律受到影响、看到太多与疫情相关的信息，而有可能出现睡眠不良、行为退缩等行为方面的症状。

1）由于看到过多与疫情相关的信息，可能会产生一系列盲目从众的行为，如反复测量体温，过量使用消毒剂，过量吸烟，要求使用 N95 型口罩，拒绝使用医用一次性口罩，抢购囤积口罩、消毒用品、方便食品等。

2）由于原有的生活工作规律被打破，正常训练减少，集体活动缺乏，甚至可能影响到自己原定的休假或外出学习计划，会出现愤怒情绪，做事变得冲动、莽撞，容易与他人发生矛盾，看不惯周围发生的事情，甚至在网络上发布充满"戾气"的文字，有些是针对那些喜欢吃"野味"的人，有些是针对基层的管理者，有些甚至针对全体疫区人员。

3）生活规律的紊乱，如食欲减退或猛增，有时几天没有胃口或暴饮暴食，体重出现明显的波动，以及连续几天失眠或睡眠过多等。

4）面对此次疫情，适度的乐观是必要的。但是，部分人抱有"做了很多预防措施就不可能感染"的错误想法，产生盲目的乐观情绪，更有甚者认为事不关己，过于回避一些疾病相关信息，觉得疾病不会降临到自己身上，放松预防措施，出门不戴口罩、拒绝消毒清洁、开始聚众活动等。事实上，即使采取了一定的预防措施，也不可能保证不被感染，更不必说不做防护的危险性。

5）相互支持或其他社交活动明显减少，生活懒散，懒言少语，变得冷漠、麻木，对部队一日生活作息制度不完全遵守，不讲究个人卫生。

6）过分夸大病毒的传染性，将自己封闭起来，不与他人说话，与他人保持过远的距离，可能会出现"看谁都是携带者""不敢出门更不敢去医院""感到生活充满了不确定性"等想法。

二、确诊或疑似感染患者的行为反应

（一）确诊患者的行为反应

突然由普通的健康人变成了"新型冠状病毒肺炎患者"，确诊患者除了忍受躯体方面的痛苦之外，还可能会出现一系列不同程度的心理应激反应，伴随着心理应激反应，确诊患者的外在行为也会发生较大变化。他们可能会对自己的行为感到内疚、后悔，产生"我感染了新型冠状病毒肺炎，我会不会死？我的家人怎么办？他们也被我传染了，我自作孽不可活"等想法，也会产生各种不确定的想法，如能不能康复、会不会有后遗症、症状体征会如何演变等，强烈的不确定感会使患者产生巨大的对生命安全的焦虑，对死亡的恐惧。

1）有些患者会极力否认或逃避现实，认为是医生弄错了，不相信自己会感染病毒。有的患者因对疾病的恐惧而不配合治疗，可能出现拒绝检查与治疗、拒绝服药、想要离开医院，摆脱隔离环境等情况。

2）患者的行为可能退化到早期阶段，依赖他人增多，时时处处需要别人的照顾而放弃自己的努力，经常要与亲人朋友联系，希望获得他人的同情和支持，以减轻心理压力和痛苦。

3）患者可能会感叹命运不公，觉得自己被命运捉弄，"为什么偏偏是我？"有可能会因为一点小事就要吵架，甚至会将怒气无端地发泄到医护人员和家人身上，他们不但不配合治疗，甚至还会出现愤怒、敌意、谩骂、憎恨或羞辱他人，拔除输液管、引流管、氧气面罩等敌对与攻击行为。

4）患者可能表现为听天由命、被动的行为状态，无助、自怜，独自哀叹，缺乏安全感和自尊心。有些患者一度出现表情茫然，反应迟钝，甚至"麻木"的状态，整个人呆板，注意力难以集中。

5）部分患者可能变得不信任医护人员，不配合治疗，频繁要求转院，或过度治疗，胡乱服用药物，有人甚至会去相信所谓的"秘方""偏方"等。

6）有些患者处于悲伤、抑郁之中，他们消极治疗，甚至因感到治愈无望而放弃治疗，认为前途无望，整夜难以入眠。

7）确诊患者在治疗中的孤独感会加重，他们可能会变得更加敏感多疑、多虑犹豫，挑剔医护人员的服务态度，听到医护人员低声谈话便疑心自己病情加重、医生在隐瞒病情，可能因亲友一句不经意的话而觉得被冷落并产生病耻感。

8）有些人病情稍有缓解便盲目乐观，病情稍有恶化又难以承受。

（二）疑似感染患者的行为反应

疑似感染患者是指出现与新型冠状病毒肺炎非常相似的临床表现，如发热、乏力、肌肉酸痛、鼻塞、流涕、咳嗽、咳痰、畏寒、气促等，但尚未经实验室及影像学等其他检查确诊的人群。

1）与确诊患者相比，疑似患者因为有自身是否已被感染这个悬念，所以他们的不确定感几乎是最强烈的。人们无法接受自己的健康状况摇摆于正常与危险之间，需要急切地寻求某种确定性的答案，从而出现强迫性的搜索行为，患者常会寻找和渴求任何看似确定的信息，又不断地怀疑信息的正确性，对自己身体过分关注，反复测量体温，身体稍有不适就要去医院检查。或者夸大自己的身体症状，频繁要求转院，对医护人员和医学检测手段不信任。

2）隐瞒病情和接触史，躲避医学检查，不想被区别对待，怕被歧视，怕被隔离，担心身边的战友会疏离自己。

3）过于乐观，对新冠肺炎的认识程度不够，认为其与普通流感没什么区别，不够重视，抱有侥幸心理，拒绝就医，觉得自己过几天就会自愈。

4）强迫行为，如反复洗手，反复使用消毒剂，挑剔环境卫生、食品卫生，清扫房间次数频繁，反复要求进行医学检查，反复确认安全等。

5）生活作息紊乱，入睡困难或多梦，有时接连几天出现失眠情况，食欲缺乏，感觉越来越疲劳。

6）有些患者不知所措或坐立不安，有对病毒的惧怕，有对亲人的挂念，有对治疗结果的担心，也有对死亡的恐惧，表现出明显的焦躁，即使到晚上也不想睡觉。

三、密切接触者的行为反应

得知自己是新型冠状病毒肺炎患者的密切接触者，对个体心理的影响将是多方面的。他们的第一反应是自己可能也会得病。

1）在焦虑、疑病情绪支配下可能出现对身体过分关注，反复要求进行医学检查，出现过分清洁、消毒等行为，也有可能出现多方向他人打听，到处浏览疾病相关信息，查找各种资料甚至四处就医等情况。

2）脆弱者可能在巨大心理压力下，早期出现茫然、发呆，蜷缩在角落等行为抑制反应。

3）在抑郁情绪支配下，可能出现日常活动减少、不想动、不愿与人交往、不与他人交流、个人生活疏懒、不讲究个人卫生等行为抑制表现。

4）有部分人因愤怒情绪而容易自责或怪罪他人，后悔自己当时去过疫区，自怨自艾等，容易抱怨和发怒，表现为不配合隔离观察，与医护人员关系紧张，甚至伴有冲动攻击行为。

5）极少数人在面对亲友患病的打击下，可能采用熬夜、暴饮暴食或绝食、大量吸烟、服用药物等来消除恐惧感。

6）过度依赖家人朋友，与家人联系频繁，时常需要他人关心和照顾，希望得到他人的安慰和问候。

7）盲目勇敢，对新冠肺炎的传染性认识不够，或抱有侥幸心理，拒绝隔离，拒绝防护，逃避医学检查等。

突如其来的新型冠状病毒肺炎，对所有军人来说，都是一种强烈的应激情境，所以不管是普通军人，确诊或疑似感染的患者，还是密切接触者，都需要对环境的威胁和挑战有一个适应过程。在这种特殊情境下，会产生一系列心理应激反应，伴随着心理应激反应，军人的外在行为也会发生变化。这是机体为了缓冲应激带来的影响，摆脱身心紧张状态而采取的应对行为，以适应环境的需要。在生物—心理—社会的综合模式下，基于不同的人格特点、应对方式及心理防御机制、社会支持资源的利用、情绪状态、认知特点，不同的人会出现不同的行为表现。我们应当正确认识自己的行为反应，接纳这些反应并科学应对，以恰当的心态看待疫情信息，积极和相关人士展开沟通，并维持稳定健康的生活方式。

作为军人，在这样一种传染性疾病面前，更要表现出战胜疫情的强大信心，和全国人民一起，打赢这场战役。在平时生活和工作中，积极向上，相互帮助，多关心他人，与身边的战友互相鼓劲，齐心协力做好防疫工作。也可以学习某一项有价值的技术，阅读一本好书等，做一些有价值的事情来充实自己。这样我们也会对自己有更多的自我肯定，对自己有更多的自我表扬，从而增强自身的力量，能够增加对环境的控制感。但如果自己目前的行为反应已经影响到了工作和生活，可以利用积极联想、放松训练、正确宣泄、调整认知、建立价值感等方法来调节，严重时需要及时寻求心理专业人士的帮助。

第四节　救援军人常见的心理反应

一、准备阶段救援军人常见的心理反应

（一）任务待命期

刚接到任务时，很多救援军人主动提交过请战书，还有部分非军人医护人员也是根据需要挑选，经过本人同意，没有被迫，带抵抗情绪上战场的情况。刚开始由于没有真正接触患者，对救援地的环境状况没有实地体验，大部分人的心理反应是充满了对履行职责使命的荣誉感、神圣感，甚至很兴奋，也有紧张、焦虑的状态，但表现得不一定很明显。虽然集结时间紧急，但很可能会有一个待命期，大家会开会讨论各种预案、整理物资、等待出发，在准备阶段的心态应该是非常紧张、亢奋、骄傲，如果等待期过长，还会有焦虑、渴望早日上"战场"的感觉。也有极个别人并没有自愿去救援的意愿，是因为工作的需要被单位抽调的，那么这部分人员会服从命令，但因为自己种种现实困难、后顾之忧等还是会在去或不去的问题上处于两难境地，在这个时期会有纠结、无奈等心理反应。

（二）任务集结期

救援部队也有可能在很短的时间内集结，在很短的时间内要准备完成必要的物资，大部分救援人员会在脑海中思考这个救援行动到底要多长时间？危险程度有多高？新型冠状病毒还没有有效的治

疗药物,也会有一些担心,万一自己感染了,那么父母、孩子怎么办?这些心态可能会在脑海中一一闪现。这些不确定感会导致潜在的心理压力,但最终这种压力往往还是会被履行职责使命,能够上前线的那种荣誉感所代替。

二、任务阶段救援军人常见的心理反应

（一）任务阶段初期

初期大家对整个操作流程及规范还不太熟悉,社会上关于疫情的各种信息比较繁杂,救援物资不是很充足,患者比较多,尤其是重症患者,会引发救援人员的担心、恐慌、紧张焦虑情绪,总担心肺炎会降临到自己和家人的身上。尤其是我们的许多救援军人远离家人,会特别担心,对疫情控制需要多久没有确定感,并且可能会感到疑病,担心自己被传染;有些人群感到被新型冠状病毒包围,听到各类疫情信息就莫名紧张;有些怀疑自己可能患了新冠肺炎,焦虑情绪明显,如感到心神不安、坐卧不宁,有失控感,容易发脾气,不受控制地关注各种相关信息。还有在任务阶段初期偶尔会发生操作中的职业暴露,如扎针不小心刺破了自己的手指、因身体不适发生呕吐不得不在传染区摘下口罩等,或者是因防护服和护目镜穿戴得太久,饮食不规律导致的恶心、呕吐等,会引起救援人员的过度警觉、惊吓反应,出现强迫症状,主要表现为反复洗手,难以自我控制;有的出现强迫性思维,反复考虑新冠肺炎的严重后果,并为此感到痛苦。发生职业暴露事件后有些救援人员被隔离和治疗,可能隐隐地觉得被人疏远而产生压力,感到委屈、羞耻感,或者对治疗的过度乐观和期望值过高等,导致出现的不良心态如麻木、否认、愤怒、恐惧、焦虑、抑郁、失望、抱怨、失眠、攻击等。

（二）任务阶段中期

大家逐渐适应了救援生活，防护的流程也熟悉掌握，可能对病区感染的恐惧感会有所降低。但是对家人的担心是持续存在的，如对孩子的担心，有的医护人员的孩子处于学龄期，甚至有的在备战高考，担心孩子们上网课可能难以像线下课程那样更好地管理自己。在任务阶段中期，因为长时间的高强度工作，很多救援人员会进入一个疲劳期，因疲劳和耗尽体力而积极性降低。焦虑、易怒、注意力短暂，有的救援人员出现躯体症状。当人处于较大压力时，不良情绪往往会转化为躯体症状表现出来，这类症状往往包括躯体疼痛、头晕、乏力、口干、低热、食欲缺乏、消化不良、腹部不适等自主神经功能紊乱的各种表现。这时有的人可能会火线立功，火线入党，有一些荣誉会起到激励作用，有时上级领导来看望慰问，也会给大家带来巨大的被激励感觉，产生感激、光荣感、被认可等积极心理反应。但是关于荣誉，可能也有的人会有一些想法，有时觉得自己贡献很多，也很优秀，但是好像没有得到某种荣誉称号，会有一些觉得不公平的心态。

（三）任务阶段后期

在医院的患者已经不是特别多了。痊愈出院的比较多，同时有些地方的医疗队救援人员撤离了，无形当中也会给军队的救援人员带来一些心理的变化，如自豪感、荣誉感，我们是军人，你们先撤，我们会坚守阵地，一直到全面胜利。同时也会有另外一种心态，如心里会有一点着急，潜意识里会想什么时候我们也可以撤离，盼望着归期的想法，有焦虑、着急、失落、悲伤的心理反应。有些人也会在脑海当中计算可能的回程时间，觉得可能任务也快结束了，会有些兴奋、希望和期盼。

救援任务的后期阶段物资不再短缺，生活条件有所改善，但是由于后期转入的患者大多比较严重，工作压力比较大，生物节律紊乱等因素，导致累积的疲劳感增加，会出现麻木、倦怠，有时见到死亡的患者会有一些挫败感、内疚感、自责感等。有些患者反复住院，如检测阴性以后又复阳的，他们的心理需求比较高，可能对救援人员的要求比较多，双方都很急躁，不耐烦、易激惹，会容易跟救援人员产生冲突，救援人员也会因此产生烦躁和无力感。

救援人员年龄段从"90"后至"60"后跨度大，有相当多的救援人员出现睡眠障碍，表现为难以入睡和睡眠时间缩短，睡眠规律紊乱，质量差，需要安眠药辅助睡眠；还有部分女队员有孩子或年龄小，开始想家，思念孩子，表现出情绪波动，出现抑郁情绪，感到悲观，精神振作不起来，易哭泣、心情不愉快，觉得没意思，没有兴趣，食欲缺乏或暴食，有些出现体重下降，还有的烦躁、易激惹。还有另外一个原因，救援中大部分科室、单位都是临时组建的，来自不同军种、不同单位，有的原单位人多，有的只有1～2个人，工作中可能存在个别恶劣现象（目前没听说，但不排除），如果组织上没有很好地顾及到，有的人会产生自闭、逃离、孤独、愤怒等心理反应。另外临床中因危重患者的突然逝去，部分救援人员有自责、内疚、羞耻等心理。

三、任务结束后救援军人常见的心理反应

任务结束后，救援人员撤离时会有胜利归建的幸福感，同时也会有对离开自己曾经战斗过的城市的留恋感，回到驻地一般会有一个休整期，心理上要慢慢适应，个别人员会出现创伤后应激障碍（post-traumatic stress disorder，PTSD）的症状。

（一）PTSD 的核心症状

PTSD 的核心症状有四组。

1.**创伤性再体验症状**　主要表现为患者的思维、记忆或梦中反复、不自主地涌现与创伤有关的情境或内容，也可出现严重的触景生情反应，甚至感觉创伤性事件好像再次发生一样。

2.**回避和麻木类症状**　主要表现为患者长期或持续性地极力回避与创伤经历有关的事件或情境，拒绝参加有关的活动，回避创伤的地点或与创伤有关的人或事，有些患者甚至出现选择性遗忘，不能回忆起与创伤有关的事件细节。

3.**警觉性增高症状**　主要表现为过度警觉、惊跳反应增强，可伴有注意力不集中、激惹性增高及焦虑情绪。

4.**其他症状**　有些患者还可表现出滥用成瘾物质、攻击性行为、自伤或自杀行为等，这些行为往往是患者心理行为应对方式的表现。同时，抑郁症状也是很多PTSD患者常见的伴随症状。

（二）出现创伤后成长的心理反应

创伤后成长指的是暴露在压力和创伤性事件所造成的积极后果，如改善的关系，重拾对生活的希望，对生活更深入的理解，对自身力量更好的认识及精神发展。

第三章　新冠肺炎疫情下军人常见的精神心理问题

第一节　器质性精神障碍

新型冠病毒感染的患者，病情严重者会出现器质性精神障碍，如幻觉、妄想、行为紊乱或谵妄状态。本节重点介绍谵妄状态。

谵妄状态是一组表现为急性、广泛性的认知障碍，尤以意识混乱为主要特征。因急性起病、病程短暂、病情发展迅速，故又称为急性脑病综合征。

谵妄的特征包括意识障碍和定向障碍。意识障碍主要表现为定向、聚焦、维持及变换注意力的能力下降，进而导致患者总是停留在先前问题中而不能随着问题的改变恰当转移注意力，因此往往需要重复问及患者问题，患者也很容易被无关的刺激影响而分神。定向障碍则表现为对环境甚至是自身定向能力的减弱。谵妄会在很短时间内进展，通常为几小时至数天，一天中会有波动，当外界的定向刺激减少时，会在傍晚和夜晚加重。

谵妄常伴随睡眠 - 觉醒周期的障碍，此障碍可能包括日间困顿、夜间激越、入睡困难及整个日间过度困顿或整夜兴奋；甚至有部分患者会有完全的昼夜睡眠 - 觉醒周期的反转。

此外，部分谵妄患者会表现为情绪障碍如焦虑、抑郁、恐惧、易激惹、愤怒、欣快和情感淡漠，但是上述情绪状态可能会有快速的、不可预测的转换，在夜间或缺乏外界刺激的情况下，这种紊乱的情绪状态往往会表现为呼喊、尖叫、咒骂、咕哝、呻吟或制造出其他声音。

采集患者病史时，应询问其精神状态从何时出现改变，是否伴有其他症状（如呼吸困难及排尿困难）及近期有无使用药物。针对所有谵妄患者均须全面回顾用药史（包括饮酒情况及非处方药/保健品的使用等）。躯体检查应包括生命体征（如血氧饱和度）及心、肺、腹部查体。神经系统查体应评估有无颅内局灶性病变（如卒中）。应基于病史及躯体检查结果选择性地进行实验室及影像学检查，包括常规的检查（如全血细胞计数、电解质、血尿素氮及肌酐、尿沉渣分析、肝功能、胸部平片及心电图等）和一些特殊检查（如血液及尿液毒理学检查、血培养、动脉血气分析、脑影像学检查、腰椎穿刺及脑电图等）。

谵妄可根据典型的临床症状做出诊断，即急性起病、意识障碍、定向障碍、伴波动性认知功能损害等，检查可显示认知功能的全面紊乱。

需要注意的是，明确诊断后还需要根据患者病史、体格检查及实验室检查来明确谵妄的病因，如躯体的疾病、电解质紊乱、感染、酒精或其他物质依赖等。谵妄需要与痴呆、抑郁及急性精神科综合征进行鉴别。这些综合征常同时发生，患者可同时存在其中多组表现。

谵妄的治疗，需要纠正谵妄病因，即针对原发脑部器质性疾病或躯体疾病进行积极治疗。还需要注意创造良好的治疗环境（如医院病房应"昼夜分明"：白天光线充足，夜晚黑暗安静）。特别需要注意的是，应监测与预防并发症。

若患者存在严重的感知觉紊乱或妄想，且语言安抚无效或行为可能对自身或他人造成危险，则可能需要给予药物治疗。一般情况下，目前推荐抗精神疾病治疗，但应充分权衡利弊，包括激越、幻觉及妄想能否快速消除，以及抗精神疾病药物所导致镇静及其他并发症的风险。在抗精神疾病药物中，氟哌啶醇的镇静作用最弱，但锥体外系反应（extrapyramidal reactions，EPS）的风险最高；富马酸喹硫平恰恰相反，EPS 风险最低，而镇静效应最强。治疗时无论选择何种药物，均应低剂量起始，缓慢滴定。如有必要，可考虑每 30 分钟或 60 分钟重复给药，直至获得满意的治疗效果（如患者幻觉消失）。此后可以按需给药。如有可能，应尽早停用抗精神疾病药物。另外，与酒精或苯二氮䓬类药物戒断相关的谵妄推荐使用苯二氮䓬类药物。

第二节　急性短暂性精神障碍

急性短暂性精神障碍又称为急性妄想发作，或妄想阵发，是一种发作性短暂的精神病性障碍。一般无发病诱因，即便有可寻的心理因素，也常不显著。

急性短暂性精神障碍最大的特征是发病突然，常突然起病（大多在 1 周之内），以一过性妄想为主要表现，同时也伴有情感和行为方面的异常。病程短暂也是该病的突出特征。精神症状的出现和消失均突然，这就是"急性发作"的含义，病程一般在 1 个月之内。患者在短暂的发病后，一般能完全恢复到病前水平。

一、临床表现

急性短暂性精神障碍起病多见于青壮年。其主要临床表现有以下 3 个方面。

1.妄想体验　妄想多、发病急、发展快是该病特有的临床表现。患者常产生被害、中毒、被控制等多种妄想。这些妄想可混合存在，即同时出现两三种妄想。患者完全被这生动的妄想所吸引，并发生各种幻觉，有时会沉溺于一种身临其境的感受中。

2.情绪障碍　情绪的多变性也是该病的重要症状之一。随着妄想的起落，患者可表现为情绪高涨或低落，或从恐惧到茫然，也可有焦虑或激越。情绪障碍可交替出现，持续时间不长，一般为几小时或 1 ~ 2 天，最长不超过 1 周。

3.行为及意识　患者可有行为异常，或大声喊叫，这多与妄想及情绪变动有关。有时患者突然认为走入一个新的环境而感到迷惑恍惚，并出现错觉或幻觉、人格解体症状，同时表现为活动增多或沉默少语，过后患者有一种似梦非梦的感受。

二、诊断与治疗

对于急性短暂性精神障碍，诊断主要靠患者病史采集、精神检查和躯体检查。急性短暂性精神障碍发病短暂，临床表现看似简单，但诊断必须慎重。

对急性短暂性精神障碍的处置，首先需要考虑患者的安全，要详细评估并预防自杀、冲动行为、攻击倾向和行为。还需要注意是否患有躯体疾病或脑器质性疾病所致的精神症状（如颅内感染、肿瘤、脑血管病、躯体疾病等）；要注意是否合并躯体疾病，如冠心病、高血压、糖尿病、癫痫等；还要考虑患者年龄因素，女性患者还要注意是否有妊娠或哺乳。

具有兴奋躁动、冲动和暴力行为的患者，应尽快控制其兴奋冲动，避免产生不良后果。经处理仍不能控制病情者，需要转入精神专科医院进一步治疗。对上述症状进行处理的同时，要注意纠正患者水电解质紊乱和酸碱平衡失调，以及补充能量，还要注意积极治疗患者的原发疾病。

有严重消极意念和行为的患者，也应建议其入院治疗。

针对有幻觉、妄想等精神病性症状的患者，应及时应用抗精神疾病药物有效控制幻觉妄想，同时要采取适宜的保护患者的措施，必要时考虑行无抽搐电休克治疗，以防其自杀及冲动暴力行为。

第三节　应激相关障碍

应激相关障碍是一类与应激源（主要是精神创伤或精神应激）有明显因果关系的精神障碍，其发生时序、症状内容、病程与预后等均与应激因素密切相关。应激相关障碍主要包括急性应激反应（acute stress reaction）、创伤后应激障碍（post traumatic stress disorder，PTSD）、延长哀伤障碍（prolonged grief disorder，PGD）和适应障碍（adjustment disorder）。

一、急性应激反应

急性应激反应是指在遭受急剧、严重的精神创伤性事件后数分钟或数小时内所产生的一过性的应激反应。在没有更多生活事件影响的情况下，一般患者可在数小时或数天内缓解，但这也取决于个体的性格特征、既往经历、对应激的易感性和应付能力，以及身体状况等，最迟不超过 1 个月。

（一）临床表现

急性应激反应的主要表现包括以下 3 个方面。

1. 创伤性重现体验、回避与麻木、高度警觉状态　如创伤性事件的情境或当时的心理感受反复自动出现在意识里或梦境里，任何与创伤体验有关的情境均可诱发，患者因此回避各种与创伤有关的人或事，情感状态表现为麻木，常存在心动过速、出汗、面赤等自主神经功能紊乱。

2. 分离症状　如麻木、情感反应迟钝、意识清晰度下降、非真实感、分离性遗忘、人格解体或现实解体等。

3. 其他症状　如持续地不能体验到正性情绪，注意力的狭窄，部分患者可能会出现精神病性症状。

（二）治疗

急性应激反应发生后，最主要的处理方法是进行危机干预和心理治疗。在创伤性事件发生的 48 小时内是危机干预的最佳时机。危机干预的方法有很多，但大多遵循以下原则：提供脱离精神创伤性事件的环境，在客观危险结束和主观恐惧减轻后允许情绪宣泄；加强社会支持；减少对超出个人控制能力事件的个人责任感，帮助个体对创伤的强烈的情绪反应正常化。心理治疗是缓解急性应激反应症状的首选方法，对于一些严重的症状可适当使用药物治疗。

（三）预后

急性应激反应一般预后良好，症状完全缓解，因此，在新版《国际疾病和相关健康问题分类》（ICD-11）中不再将其列为一类疾病，而将其归类于"影响健康状态的因素和需要健康服务的非疾病现象"。

在《精神障碍的诊断和统计手册》（DSM-5）中，对于在创伤性事件之后，完整的症状持续少于3天的急性应激反应也不作为疾病进行诊断。

二、创伤后应激障碍

创伤后应激障碍是指由于受到异乎寻常的威胁性、灾难性心理创伤，导致延迟出现和长期持续的精神障碍。

创伤后应激障碍临床上主要有以下四大核心综合征。

1.**侵入性综合征** 在重大创伤性事件发生后，患者有各种形式的且反复发生的侵入性创伤性体验重现。患者常以非常清晰的、极端痛苦的方式进行着这种"重复体验"，包括反复出现以错觉、幻觉构成的创伤性事件的重新体验，称为闪回（flashback）。此时，患者仿佛又完全身临创伤性事件发生时的情景，重新表现出事件发生时所伴发的各种情感。创伤性体验的反复侵入是创伤后应激障碍最常见也是最具特征性的症状。

患者在经历创伤性事件后，频频出现内容非常清晰的，与创伤性事件明确关联的梦境（梦魇）。在梦境中，患者也会反复出现与创伤性事件密切相关的场景，并产生与当时相似的情感体验。患者常从梦境中惊醒，并在醒后继续主动"延续"被"中断"的场景，并产生强烈的情感体验。

患者面临、接触与创伤事件相关联或类似的事件、情景或其他线索时，通常表现出强烈的心理痛苦和生理反应。事件发生的周年纪念日、相近的天气及各种场景因素都可能促发患者的心理与生理反应。

2.**持续性回避** 在创伤性事件发生后，患者对与创伤有关的事物采取持续主动回避的态度。回避的内容包括创伤性事件或与其高度相关的痛苦记忆、思想或感觉，以及能唤起这些痛苦的情景、人、对话、地点、活动、物体等。

3.认知和心境的负性改变　在遭遇创伤性事件后，许多患者出现与创伤性事件有关的认知和心境方面的负性改变，可表现出无法记住创伤性事件的某个重要方面，对创伤性事件的原因或结果出现持续的认知歪曲，导致个体责备自己或他人，对自己、他人或世界出现持续放大的负性信念和预期，如认为"世界是绝对危险的""没有人可以信任"等。患者会出现持续的负性情绪状态，对重要的活动失去兴趣，疏远他人，持续地不能体验到正性情绪。

4.警觉性增高　表现为过度警觉,惊跳反应增强,注意力不集中,激惹的行为和愤怒的暴发,自我毁灭行为,部分患者会出现睡眠障碍。

多数患者在创伤性事件发生后的数天至半年内发病，病程至少持续1个月以上。

三、适应障碍

新型冠状病毒肺炎的突然暴发，各种关于病毒的负面信息铺天盖地，不少人担心、害怕被病毒感染，出现了过度警觉、惊吓、坐立不安、失眠健忘、无法集中注意力、心跳加快、肌肉酸痛等症状。人们只能宅在家里，生活、工作和人际交往处处受到限制，失去了对自身生活的掌控感。这让不少人感到无所适从，难以应付，严重影响了自身的日常生活，处理日常事务的能力在一定程度上受到损害。环境变化引起人们适应上的困难。

适应障碍是指在明显的生活方式改变或环境变化时产生的短期的和轻度的烦恼状态和情绪失调，常有一定程度的行为变化等，但并不出现精神病性症状。典型的生活事件包括居丧、离婚、失业或变换岗位、迁居、转学、退休、经济危机等。发病往往与生活事件的严重程度、个体心理素质、心理应对方式等有关。

（一）临床表现

患者发病多在应激性生活事件发生后的 1 ~ 3 个月内出现，临床表现多种多样，包括抑郁心境、焦虑或烦恼，感到不能应对当前的生活或无从计划未来，失眠、应激相关的躯体功能障碍（头痛、腹部不适、胸闷、心慌），社会功能和（或）工作受到损害。有些患者可能出现暴力行为，儿童则表现为尿床、吸吮手指等。

成年人多见情绪症状。以抑郁症状为主者，表现为闷闷不乐，对日常生活丧失兴趣，自责、无望、无助，伴有睡眠障碍、食欲变化和体重减轻，有激越行为；以焦虑症状为主者，则表现为焦虑不安、担心害怕、神经过敏、心慌、呼吸急促，窒息感等。青少年以品行障碍为主，表现为逃学、斗殴、盗窃、说谎、物质滥用、离家出走等；儿童适应障碍主要表现为尿床、吸吮手指等退行性行为，以及躯体不适等含糊的躯体症状。

（二）治疗

适应障碍的病程一般不超过 6 个月，随着时间的推移，适应障碍可自行缓解，或者转化为特定的更为严重的其他精神障碍。因此，适应障碍治疗的根本目的是帮助患者提高处理应激境遇的能力，早日恢复到病前的功能水平，防止病程恶化或慢性化。

治疗重点以心理治疗为主，心理治疗主要是解决患者的心理应对方式和情绪发泄的途径问题。治疗首先要评定患者症状的性质与严重程度，了解诱因、患者人格特点、应对方式等因素在发病中的相对作用，应注意应激源对患者的意义，主要采取个别指导、家庭治疗和社会支持等方式。支持性心理疗法、认知行为疗法、森田疗法等都可酌情选用。无论采用哪种心理治疗方法，治疗中都要抓住3个环节：消除或减少应激源，包括改变患者对应激事件的态度和认识；提高患者的应对能力；消除或缓解症状。

药物治疗只用在情绪异常较为明显的患者身上。药物治疗的作用是加快症状的缓解，为心理治疗提供合适的身体环境。医生可根据患者的情况采用抗焦虑药物和抗抑郁药物等。以低剂量、短疗程为宜。在药物治疗的同时，心理治疗应该继续进行，特别是对于那些恢复较慢的患者，更为有益。

第四节　抑郁障碍

抑郁障碍（depressive disorder）是指由于各种原因而引起的以显著和持久的抑郁症状群为主要临床特征的一类心境障碍。抑郁综合征包括抑郁心境、兴趣丧失、精力缺乏、精神运动性迟滞或激越、思考或注意能力减弱或难于做决定、自责或无价值感、体重与睡眠的变化、自杀意念或行为等，其中核心症状是与处境不相称的心境低落和兴趣丧失。在抑郁综合征的基础上，患者常伴有焦虑或激越症状，各种与抑郁有关的躯体不适症状，严重者可以出现幻觉、妄想等精神病性症状。

一、临床表现

抑郁发作的主要临床表现包括核心症状及其他相关症状。核心症状为情绪低落、兴趣减退、快感缺失，在核心症状的基础上还伴有其他认知、躯体及行为表现。在具体的症状归类上，有些症状常是相互重叠的，很难简单划一。既往曾将抑郁发作的表现概括地称为"三低"，即情绪低落、思维迟缓和意志活动减退，这3种症状被认为是典型的重度抑郁的症状，但是并不一定出现在所有的抑郁障碍患者身上。抑郁发作的表现可分为核心症状、心理综合征与躯体综合征3个方面。

（一）核心症状

情感症状是抑郁障碍的主要表现，包括自我感受到或他人可观察到的心境低落，高兴不起来，兴趣减退甚至丧失，无法体会到幸福感，甚至会莫名其妙地出现悲伤。低落的心境几乎每天都存在，一般不随环境变化而好转。但1天内可能出现特征性的昼夜差异，如有些患者晨起心境低落最为严重，傍晚开始好转。

1.情绪低落　主要表现为自我感受到或他人可观察到的显著而持久的情感低落、抑郁悲观。情绪的基调是低沉、灰暗的。可出现典型的抑郁面容，如额头紧锁、双眉间呈"川"字形。终日愁眉苦脸、忧心忡忡、郁郁寡欢、长吁短叹。症状轻的患者感到闷闷不乐，对任何事情都提不起劲，感到自己"心里有压抑感""高兴不起来""提不起精神"，觉得自己简直被"乌云笼罩"，常哭泣，无愉快感。症状重的患者可感觉痛不欲生、悲观绝望，有度日如年、生不如死之感，患者常诉说"活着没意思""心里难受"等。患者低落的心境几乎每天都存在，一般不随环境变化而变化。

2.兴趣减退　患者对以前喜爱的各种活动或事物兴趣下降或缺乏兴趣，任何事都提不起兴趣，如对文娱活动、体育活动、业余爱好等。离群索居，不愿与他人交往。例如，患者生病以前很喜欢打乒乓球，现在对乒乓球却一点兴趣都没有。

3.快感缺失　患者丧失了体验快乐的能力，不能从平日从事的活动中获得乐趣，即使从事自己以前喜欢的事情或工作也是如此。部分抑郁障碍患者有时可以在百无聊赖的情况下参加一些活动，主要是自己单独参与的活动，如看书、看电影、看电视、从事体育活动等，表面看来患者的兴趣仍存在，但进一步询问可以发现其根本无法从这些活动中获得乐趣，从事这些活动的主要目的是希望能从悲观失望中摆脱出来或消磨时间。

以上 3 个主征是相互联系的，可以在一个患者身上同时出现，互为因果，但也有不少患者只有其中某一两种症状突出。

（二）心理综合征

抑郁发作还包含许多心理学症状，可分为心理学伴随症状（焦虑、自责自罪、精神病性症状、认知症状，以及自杀观念和行为、自知力缺乏等）和精神运动性症状（精神运动性迟滞或激越等）。有时这些体验比抑郁心境更为突出，因而可能掩盖抑郁心境导致漏诊或误诊。

1.焦虑　与抑郁常伴发，而且经常成为抑郁障碍的主要症状之一。患者表现为心烦、担心、紧张、胡思乱想，担心失控或发生意外等，有些患者可表现出易激惹、冲动，常因过度担忧而使注意力不能集中。可伴发一些躯体症状，如胸闷、心慌、尿频、出汗、疼痛等，躯体症状可以掩盖患者主观的焦虑体验而成为临床主诉。

2.思维迟缓　患者表现为思维联想速度减慢，自我感觉反应迟钝，思考问题困难，自觉"脑子像是生了锈的机器"或是"像涂了一层糨糊一样"。决断能力降低，变得优柔寡断、犹豫不决，甚至对一些日常小事也难以顺利做出决定。临床上可见主动言语减少，语速明显减慢，声音低沉，对答困难，严重者无法顺利与他人交流。

3.认知症状　认知功能受损则主要表现在注意力、记忆力、执行能力与精神运动的流畅性四个方面。研究发现，大多数抑郁障碍患者都存在认知功能的障碍，而且与抑郁情绪相关。但认知功能障碍的某些方面并不随着抑郁情绪的改善而改善，即患者的抑郁情绪达到临床缓解程度了，但认知功能障碍的某些特征还存在，而且这种特征也可以见于抑郁障碍的非患病的亲属中。因此，有学者提出，这种认知功能的缺陷有可能是抑郁障碍的易感特征。

此外，抑郁障碍患者认知模式的特点是负性的、歪曲的认知过程。这一过程表现为抑郁症患者对自己、对所处的世界及对未来都存在负性的认知。他们将自己看成是无价值的、不完善的、没人爱的和有缺点的，将所处的环境看成是灾难性的，有着许多无法克服的障碍，对未来没有信心，感到没有希望。基于这一认知过程的特点，抑郁障碍患者常会歪曲自己对事件的解释，如非此即彼（极端化或对立思维，如不是成功就意味着失败）；灾难化（消极地预测未来而不考虑其他可能性）；贴标签（给自己或他人贴上固定的大标签，不顾实际情况下结论）；选择性关注（选择性注意负性面，不看整体，仅将注意力集中于消极的细节上）等。

4.自责自罪 在悲观失望的基础上，会产生自责自罪。患者会过分地贬低自己，总以批判的眼光、消极的否定态度看待自己。不再有自信，对任何成功都持怀疑态度，认为只是凑巧而已，自己毫无功劳。对自己既往的一些轻微过失或错误痛加责备，认为自己的一些作为让他人感到失望；认为自己患病给家庭和社会带来巨大的负担，连累了家庭和社会。例如，患者会因过去微不足道的不诚实行为或曾让他人失望而有负罪感。通常多年来患者对这些事情都未曾在意，但当他抑郁时，这些事情就像洪水一样涌到记忆中，并带有强烈的感情色彩。严重时患者会对自己的过失无限制地"上纲上线"，产生深深的内疚甚至罪恶感，认为自己罪孽深重，必须受到社会的惩罚，甚至达到了罪恶妄想的程度。

5.自杀观念和行为　严重的抑郁障碍患者常伴有消极自杀的观念和行为。他们的脑子里反复盘旋与死亡有关的念头，感到生活中的一切都没有意义，活着没有意思，甚至思考自杀的时间、地点和方式。抑郁障碍患者的自杀观念常比较顽固，反复出现。在自杀观念的驱使下，认为"结束自己的生命是一种解脱""自己在世上是多余的人"，部分患者会产生自杀企图，然后发展成自杀行为，并反复寻求自杀。患者所采取的自杀行为往往计划周密，难以防范，因此，自杀行为是抑郁障碍最严重的、最危险的症状。临床心理工作者应对曾经有过自杀观念或自杀企图的患者保持高度警惕，应反复提醒家属及其照料者将预防自杀作为长期任务，并认真做好自杀风险的评估和预防。部分患者还会出现"扩大性自杀"行为，患者会认为活着的亲人也非常痛苦，甚至会选择杀死亲人后再自杀，导致极其严重的不良后果。

6.精神运动性迟滞或激越　抑郁障碍患者还可出现精神运动性迟滞或激越表现。

精神运动性迟滞患者在心理上表现为思维发动的迟缓和思绪的缓慢；在行为上表现为显著持久的抑制，行为迟缓、生活被动、懒散，常独坐一旁，或整日卧床。不想做事，不想学习和工作，不愿外出，不愿参加平常喜欢的活动或不再喜欢业余爱好。不愿和周围人接触交往，常闭门独居、疏远亲友、回避社交。严重者个人卫生都不顾，蓬头垢面、不修边幅，甚至发展为少语、少动、少食或不语、不动、不食，严重者甚至达到亚木僵或木僵状态。

精神运动性激越患者则与之相反，脑中反复思考一些没有意义的事情，思维内容缺少条理，大脑持续处于紧张状态，但由于无法集中注意力来思考一个中心议题，因此思维效率下降，无法进行创造性思考；在行为上则表现为烦躁不安、紧张，有用手指抓握、搓手顿足、坐立不安或来回踱步等症状。

7. **精神病性症状** 严重的抑郁障碍患者可出现幻觉或妄想等精神病性症状，可以与抑郁心境协调或不协调。与心境协调的精神病性症状内容多涉及无能力、患病、死亡、一无所有或应受到惩罚等，如罪恶妄想、无价值妄想、躯体疾病或灾难妄想、嘲弄性或谴责性的听幻觉等。而与心境不协调的精神病性症状则与上述主题无关，如被害妄想、没有情感背景的幻听等。

8. **自知力缺乏** 相当一部分抑郁障碍患者自知力完整，能够主动求治并描述自己的病情和症状。但严重的抑郁障碍患者会出现自知力不完整甚至缺乏问题，如存在明显自杀倾向者，自知力可能不存在，缺乏对自己当前状态的正确认识，甚至完全失去求治愿望。伴有精神病性症状者自知力不完整甚至完全丧失自知力的比例更高。

（三）躯体综合征

躯体症状在抑郁障碍患者中并不少见，包括睡眠、饮食、体重和行为活动表现等方面。此外，部分患者还存在疼痛、心动过速、口干、便秘等症状。国外有学者将这些躯体症状亦称为生物学症状，注意当患者的激越或迟滞症状十分突出时，患者可能不愿或不能描述其他的许多症状；另外，存在认知功能障碍的患者可能也无法详细描述主观体验，这种情况下客观观察到的躯体症状对于形成诊断尤为重要。

1. **睡眠障碍** 是抑郁障碍最常伴随的症状之一，也是不少患者的主诉症状。其表现为早段失眠（入睡困难）、中段失眠（睡眠轻浅、多梦）、末段失眠（早醒）、睡眠感缺失等。其中以早段失眠（入睡困难）最为多见，一般睡眠潜伏期超过30分钟，而以末段失眠（早醒）最具有特征性，一般比平时早醒2～3小时，醒后不能再入睡。与这些典型表现不同的是，在不典型抑郁障碍患者中可以出现睡眠过多和贪睡的情况。

2. 饮食及体重障碍　主要表现为食欲减退和体重减轻。食欲减退的发生率约为70%。轻者表现为食不知味、没有胃口，但进食量不一定出现明显减少，此时患者体重的改变在一段时间内可能并不明显。严重者完全丧失进食的欲望，对自己既往喜欢的食物也不感兴趣，甚至不愿提到吃饭。进食后感觉腹胀、胃部不适，体重明显下降，甚至出现营养不良。不典型抑郁障碍患者则会有食欲亢进和体重增加的情况。

3. 精力下降　表现为无精打采、疲乏无力、懒惰，感到筋疲力尽、疲惫不堪、能力下降。患者感到自己整个人都垮了、散架了，常诉说"太累了""没有精神""完成不了任务""没劲、缺乏动力""什么都没做也感到疲惫不堪"。

4. 性功能障碍　可以是性欲的减退乃至完全丧失、性功能障碍。有些患者勉强维持有性行为，但无法从中体验到乐趣。女性患者会出现月经紊乱、闭经等症状。

5. 其他非特异性躯体症状　抑郁障碍患者有时以躯体其他症状作为主诉，因而长期在综合医院门诊反复就诊，被诊断为各种自主神经功能紊乱。与疑病症状不同的是，这类患者只是诉说这类症状，希望得到相应的治疗，但并未因此而产生牢固的疑病观念。此外，抑郁障碍患者伴发疑病症状的病例并不少见。这类非特异性症状包括头痛、腰痛等躯体任何部位的疼痛，口干、出汗、视物模糊，心慌、胸闷、喉头异物感，恶心、呕吐、胃部烧灼感、胃肠胀气、消化不良、便秘、尿频等。

抑郁障碍的治疗要达到 3 个目标：①提高临床治愈率，最大限度地减少病残率和自杀率；②提高患者生存质量，恢复社会功能，达到其稳定和真正意义上的痊愈，而不仅是症状的消失；③预防复发。药物虽非病因治疗，却可以减少复发风险，尤其对于既往有发作史、家族史、产后女性、伴慢性躯体疾病、缺乏社会支持和物质依赖等高危人群的治疗有显著效果。

二、治疗原则

1. 全病程治疗原则　抑郁障碍复发率高达 50% ~ 85%，其中 50% 的患者在疾病发生后 2 年内复发。为改善这种高复发性疾病的预后，防止复燃及复发，目前倡导全病程治疗。全病程治疗分为急性期治疗、巩固期治疗和维持期治疗。

（1）急性期治疗（8 ~ 12 周）：控制症状，尽量达到临床治愈（remission）并促进功能恢复到病前水平，提高患者生活质量。急性期的疗效决定了患者疾病的结局和预后，需要合理治疗以提高长期预后和促进患者社会功能康复。

（2）巩固期治疗（4 ~ 9 个月）：在此期间患者病情不稳定，复发风险较大，原则上应继续使用急性期治疗有效的药物，并强调治疗方案、药物剂量、使用方法保持不变。

（3）维持期治疗：维持期治疗时间的研究尚不充分，一般倾向至少 2 ~ 3 年，多次复发（3 次或以上）及有明显残留症状者主张长期维持治疗。持续、规范的治疗可以有效地降低患者抑郁障碍的复燃 / 复发率。维持治疗结束后，患者病情稳定可缓慢减药直至终止治疗，一旦发现有复发的早期征象，应迅速恢复原治疗方法。

2. 个体化合理用药原则　应根据临床因素对抗抑郁药物进行个体化选择。如考虑药物疗效或不良反应的性别差异选择药物种类；考虑不同年龄患者的代谢差异调整药物剂量；对于有自杀观念的患者避免一次处方大量药物，以防意外；考虑患者既往用药史，优先选择过去疗效满意的药物种类。

3. 量化评估原则　治疗前对疾病诊断、症状及其特点、治疗及影响治疗的躯体状况、患者的主观感受、社会功能、生活质量以及药物经济负担等进行充分的评估；治疗过程中定期应用实验室检查及精神科量表（自评量表和他评量表）进行疗效及耐受性、安全性等方面的量化评估。

4. 单一用药原则　通常抗抑郁药尽可能单一使用，对难治性病例可以联合用药以增加疗效；对伴有精神病性症状的抑郁障碍患者，可考虑采用抗抑郁药和抗精神疾病药物合用的药物治疗方案。

5. 联盟治疗原则　由于目前对抑郁障碍诊断的客观指标相对不足，临床诊断的确立在很大程度上依赖患者完整真实的病史和全面有效的精神检查，而彼此信任、支持性的医患联盟关系有助于患者进入并保持在治疗过程中配合。同时，治疗人员应与患者家属建立密切的合作关系，最大程度调动患者的社会支持系统，形成广泛的治疗联盟，提高患者的治疗依从性。

6. 抗抑郁药物的种类　与传统的三环类药物及单胺氧化酶抑制剂相比，选择性 5- 羟色胺再摄取抑制剂（SSRI）、选择性 5- 羟色胺和去甲肾上腺素再摄取抑制剂（SNRI）和其他一些新型抗抑郁剂凭借在安全性和耐受性方面的优势成为一线推荐药物，大量的循证医学证据支持这些药物可以有效地治疗抑郁障碍，并且不同药物总体有效率和总体不良反应发生率之间不存在显著性差异。

（1）选择性 5- 羟色胺再摄取抑制剂（SSRI）：目前用于临床的有氟西汀、舍曲林、帕罗西汀、氟伏沙明、西酞普兰和艾司西酞普兰。急性期治疗中，众多随机对照研究支持 SSRI 治疗抑郁障碍的疗效优于安慰剂，不同 SSRI 药物间的整体疗效无显著性差异。2009年 Lancet 发表了一篇 Meta 分析，比较了 12 种新型抗抑郁药的急性期疗效，结果显示米氮平、艾司西酞普兰、文拉法辛和舍曲林的疗效优于度洛西汀、氟西汀、氟伏沙明和帕罗西汀；而艾司西酞普兰、舍曲林、安非他酮和西酞普兰的可接受性（中断治疗率）优于其他新型药物。艾司西酞普兰和舍曲林的疗效与耐受性最为平衡。在巩固期预防复燃方面，与安慰剂相比，使用 SSRI 可有效预防抑郁障碍复燃，不同 SSRI 类药物其预防抑郁复燃的疗效相似。关于维持期预防复发的研究较少，病例对照研究结果表明，与安慰剂相比，SSRI在预防抑郁障碍复发方面具有明显优势，可显著减低抑郁复发风险。

（2）选择性 5- 羟色胺和去甲肾上腺素再摄取抑制剂（SNRI）：代表药物为文拉法辛和度洛西汀，具有 5- 羟色胺（5-HT）和 NE 双重摄取抑制作用，高剂量时对 DA 摄取有抑制作用，对 M_1、H_1、α_1受体作用轻微，不良反应相对较少。此药物的特点是疗效与剂量有关，低剂量时作用谱和不良反应与 SSRI 类似，剂量增高后作用谱加宽，不良反应也相应增加。度洛西汀和其他具有双重作用机制的 SNRI在治疗共病糖尿病性慢性疼痛性躯体症状的抑郁患者时，比 SSRI 更有优势。另外，度洛西汀也能有效治疗纤维肌痛。

（3）去甲肾上腺素和特异性 5- 羟色胺能抗抑郁药（NaSSA）：代表药物为米氮平。此类药物主要通过阻断中枢突触前 NE 能神经元 α_2 自身受体及异质受体，增强 NE、5-HT 从突触前膜的释放，增强 NE、5-HT 传递及特异阻滞 5-HT$_2$、5-HT$_3$ 受体。此外，对 H$_1$ 受体也有一定的亲和力，同时对外周 NE 能神经元突触 α$_2$ 受体也有中等程度的拮抗作用。米氮平对抑郁障碍患者的食欲缺乏和睡眠紊乱症状改善明显，较少引起性功能障碍，另外，需要注意白细胞计数降低的不良反应。

（4）去甲肾上腺素和多巴胺再摄取抑制剂（NDRI）：代表药物为安非他酮。Meta 分析显示，安非他酮治疗抑郁障碍的疗效优于安慰剂，与 SSRI 相当。对于伴有焦虑症状的抑郁障碍患者，SSRI 的疗效优于安非他酮，但安非他酮对疲乏、困倦症状的改善要优于某些 SSRI。安非他酮对体重增加影响较小，甚至可减轻体重，这一点可能适用于超重或肥胖的患者，并且是转躁率最低的抗抑郁药物之一。另外，安非他酮还应用于戒烟治疗。

（5）褪黑素 MT$_1$/MT$_2$ 受体激动剂和 5-HT$_{2C}$ 受体拮抗剂：代表药物为阿戈美拉汀。多项临床研究证实阿戈美拉汀具有明显的抗抑郁作用，此外对于季节性情感障碍也有效。由于作用于褪黑素受体，阿戈美拉汀具有与褪黑素类似的调节睡眠作用，这种对睡眠的改善作用往往在用药第 1 周就会显现。用药剂量范围为 25 ~ 50mg/d，每日 1 次，睡前服用。使用该药物前须进行基线肝功能检查，血清氨基转移酶超过正常上限 3 倍者不应使用该药治疗，患者治疗期间应定期监测肝功能。

第五节　焦虑与恐惧相关障碍

焦虑与恐惧相关障碍包括过度的恐惧和焦虑，以及相关行为紊乱，症状严重的患者足以导致其个人、家庭、社会、教育、职业或其他重要领域的苦恼和（或）损害。区分焦虑与恐惧相关障碍的一个关键特征是疾病特定的担忧焦点，即触发恐惧或焦虑的刺激或情境。焦虑与恐惧相关障碍的临床表现及伴随的认知观念的物体或情境类型有所不同，可彼此区分。在 ICD-11 中，焦虑与恐惧相关障碍从神经症、应激相关及躯体形式障碍中独立出来，包括广泛性焦虑障碍、惊恐障碍、广场恐惧障碍、特定恐惧障碍、社交焦虑障碍、分离性焦虑障碍和其他特定或未特定的焦虑与恐惧相关障碍。

一、广泛性焦虑障碍

广泛性焦虑障碍（general anxiety disorder，GAD）是一种以焦虑为主要临床表现的精神障碍，患者常有不明原因的提心吊胆、紧张不安，并有显著的自主神经功能紊乱症状、肌肉紧张及运动性不安。患者往往能够认识到这些担忧是过度和不恰当的，但不能控制，因难以忍受而感到痛苦。病程不定，但趋于波动并成为慢性。多数 GAD 患者合并有抑郁障碍或其他精神障碍，称为共病现象。常见的共病有抑郁障碍、惊恐障碍、强迫障碍等。

（一）临床表现

广泛性焦虑障碍起病缓慢，可与一些心理社会因素有关，尽管部分患者可自行缓解，但多表现为反复发作，症状迁延，病程漫长者社会功能下降。

1. 精神性焦虑　精神上的过度担心是焦虑症状的核心，表现为对未来可能发生的、难以预料的某种危险或不幸事件经常担心。

2. 躯体性焦虑　表现为运动性不安与肌肉紧张。运动性不安可表现为搓手顿足，不能静坐，不停地来回走动，无目的的小动作增多。肌肉紧张表现为主观上的一组或多组肌肉不舒服的紧张感，严重时有肌肉酸痛，多见于胸部、颈部及肩背部肌肉，紧张性头痛也很常见，有的患者可出现肢体的震颤，甚至语音发颤。

3.自主神经功能紊乱 表现为心动过速、胸闷气短、头晕头痛、皮肤潮红、出汗或苍白、口干、吞咽梗阻感、胃部不适、恶心、腹痛、腹胀、便秘或腹泻、尿频等症状。有的患者可出现早泄、勃起功能障碍、月经紊乱、性欲缺乏等症状。

4.其他症状 广泛性焦虑障碍患者常合并疲劳、抑郁、强迫、恐惧、惊恐发作及人格解体等症状，但这些症状常不是疾病的主要临床表现。

此外，GAD是一种共病率高的疾病，约有2/3的患者合并抑郁，GAD常被认为是抑郁的危险因素。合并抑郁对这类情绪障碍的患者自杀风险明显增高。患者也常合并惊恐障碍、酒精等物质依赖，还有些患者合并躯体疾病，如功能性胃肠病、高血压、糖尿病等。

（二）治疗

在治疗实践中药物治疗和心理治疗的综合应用是获得最佳治疗效果的方法。

1.药物治疗 急性期以缓解或消除患者焦虑症状及伴随症状，提高临床治愈率，恢复其社会功能，提高生存质量为目标。

（1）使用有抗焦虑作用的抗抑郁药：SSRI和SNRI对广泛性焦虑有效，且药物不良反应少，患者接受性好，如帕罗西汀、文拉法辛、度洛西汀、艾司西酞普兰等，目前已在临床上广泛使用。三环类抗抑郁药如丙咪嗪、阿米替林等对广泛性焦虑有较好疗效，但需要注意其抗胆碱能副作用和心脏毒性作用。

根据抗抑郁药起效较慢、无成瘾性，而苯二氮䓬类起效快，但长期使用有成瘾性的特点，临床上多在早期将苯二氮䓬类（BZD）

与 SSRI/SNRI 或三环类药物合用，维持 2～4 周，然后逐渐停用苯二氮䓬类药物。很少单独应用苯二氮䓬类药物作为一种长期的治疗手段。

（2）其他药物：丁螺环酮、坦度螺酮是 5-HT_{1A} 受体的部分激动剂，因无依赖性常用于广泛性焦虑障碍的治疗，但起效较慢。β-肾上腺素能受体阻滞剂对于减轻焦虑症患者自主神经功能亢进所致的躯体症状如心悸、心动过速等有较好疗效。此外，氟哌噻吨美利曲辛对焦虑障碍也有较好的缓解作用，但不宜长期使用。

广泛性焦虑障碍是一种易慢性化和复发性的疾病，在急性期治疗后，巩固治疗和维持治疗对于预防患者复发非常重要，巩固期至少 2～6 个月，维持治疗至少 12 个月。

2. 心理治疗

（1）健康教育：让患者明白疾病的性质，增进患者在治疗中的合作，在焦虑发作时对焦虑体验有正确的认知，避免进一步加重焦虑。鼓励患者进行适当的体育锻炼，并坚持正常的生活和工作。

（2）认知行为治疗：广泛性焦虑障碍患者容易出现两类逻辑错误。其一是过高地估计负性事件出现的可能性，尤其是与自己有关的事件；其二是过分戏剧化或灾难化地想象事件的结果。焦虑障碍患者对事物的一些歪曲的认知，是造成疾病迁延不愈的原因之一。对患者进行全面的评估后，治疗者就要帮助患者改变不良认知并进行认知重建。松弛训练、呼吸控制训练能缓解部分焦虑。

二、惊恐障碍

（一）临床表现

惊恐障碍（panic disorder，PD）又称为急性焦虑障碍，其主要特点是突然发作的、不可预测的、反复出现的、强烈的惊恐体验，一般历时 5 ~ 20 分钟，伴濒死感或失控感，患者常体验到濒临灾难性结局的害怕和恐惧，并伴有自主神经功能紊乱的症状。

惊恐障碍的特点是莫名突发惊恐，随即缓解，间歇期有预期焦虑，部分患者有回避行为。

1. 惊恐发作　患者在无特殊的恐惧性处境时，突然感到一种突如其来的紧张、害怕、恐惧感，甚至出现惊恐，此时患者伴有濒死感、失控感、大难临头感；患者肌肉紧张，坐立不安，全身发抖或全身无力；常有严重的自主神经功能紊乱症状，如出汗、胸闷、呼吸困难或过度换气、心动过速、心律失常、头痛、头晕、四肢麻木和感觉异常等，部分患者可有人格或现实解体。惊恐发作通常起病急骤，终止迅速，通常持续 20 ~ 30 分钟，很少超过 1 小时，但不久可突然再发。发作期间始终意识清晰。

2. 预期焦虑　患者在发作后的间歇期仍心有余悸，担心再发，不过此时焦虑的体验不再突出，而代之以虚弱无力感，需要数小时到数天才能恢复。

3. 回避行为　60% 的患者对再次发作有持续性的焦虑和关注，害怕发作产生不幸后果，并出现与发作相关的行为改变，如回避工作或学习场所等。部分患者置身于某些地方或处境，可能会诱发惊恐发作，这些地方或处境使患者感到一旦惊恐发作，则不易逃生或得不到帮助，如独自离家、排队、过桥或乘坐交通工具等，称为广场恐惧症。因此，在诊断分类中，惊恐障碍又被分为伴有广场恐惧症或不伴有广场恐惧症。

部分患者的惊恐障碍可在数周内完全缓解，病程超过 6 个月者易慢性化。40% 的患者可有共病抑郁障碍，此时可使惊恐障碍预后变差。不伴有广场恐惧症的患者治疗效果较好，伴广场恐惧症者复发率高且预后欠佳。在惊恐障碍的患者中社交焦虑障碍、广泛性焦虑障碍、抑郁障碍、物质滥用特别是酒精滥用发生率增高，约7%的患者可能出现自杀行为。

体格检查患者通常意识清晰，呼吸频率增加，但皮肤黏膜无发绀，可有血压波动、心率增快和心律失常，如果有心脏杂音需要排除是否有二尖瓣膜脱垂等心脏疾患。神经系统检查基本正常。精神检查可引出恐惧和焦虑情绪。

惊恐障碍的治疗目标是减少或消除惊恐发作，改善期待性焦虑和回避行为，提高患者的生活质量，改善社会功能。在治疗开始时，应告诉患者惊恐发作是生理和心理障碍的结果，其躯体症状通常不会导致生命危险，药物治疗和心理治疗是有效的。

（二）治疗

1. 药物治疗　苯二氮䓬类药物（BZD）治疗惊恐发作起效快，可选用劳拉西泮、阿普唑仑或氯硝西泮等，但长期使用易导致依赖。物质滥用者服用BZD更可能出现依赖。

由于SSRI和SNRI治疗惊恐障碍有效，特别是当惊恐障碍与抑郁障碍、社交焦虑障碍、广泛性焦虑障碍、创伤后应激障碍或物质滥用共病时，由于其作用的广谱性故更是合适的选择，通常2～3周起效，无滥用和依赖倾向。长期服用SSRI能明显降低患者的复发率。

三环抗抑郁药（TCA）氯米帕明治疗惊恐障碍有效，但由于其有较多的不良反应，需要从小剂量开始，过量则易中毒。

临床上常采用BZD联合抗抑郁药治疗，患者症状最初改善比单用抗抑郁药快，但到5～6周时则无更多优势，此时可渐停BZD，这样避免了 BZD 的长期使用和抗抑郁药的早期效果不佳的缺点。

经过 8 ~ 12 周的急性期治疗，患者可转入巩固和维持期治疗，时间至少 1 年。病程长、反复发作、治疗效果不满意、伴有抑郁或其他焦虑障碍者持续治疗时间常为数年。

2. 认知行为治疗　认知行为治疗一般分为 3 步。第 1 步是让患者了解惊恐发作、发作的间歇性及回避过程。第 2 步是内感受性暴露。患者暴露于自己的害怕感觉和外界的害怕境遇。害怕感觉包括过度呼吸引起的眩晕、脸上发热和麻刺感，摇头引起眩晕或非真实感；害怕境遇包括拥挤、在公共汽车上和路途中。通过有计划的暴露，使患者注意这些感受，从而耐受并控制这些感受，不再出现惊恐发作。如害怕晕倒的患者被要求在椅子上旋转或过度换气直至感到眩晕，让他们知道不会在惊恐发作时晕倒，而是因为体验到症状而晕倒。慢而浅的呼吸有助于控制过度换气。第 3 步是认知重组。患者原来认为"我会晕倒""我不能忍受这些感受"，认知重组让其发现惊恐所导致的结果与既往的认识有很大差距，这样可达到新的认知重组而缓解症状。

第六节　强迫障碍

在疫情影响下，有的人会不断不必要重复刷屏手机，去看看每日疫情的报表；有的人一早起床出现嗓子干痒、咳嗽，或打喷嚏的情况，会多次重复测体温检查；有的人会出现反复清洗，次数较以往明显增加的情况；有的人会出现必须严格要求家人遵循自己认可的一套流程来清洗、消毒、戴口罩的情况等。这些行为我们认为具有强迫倾向，因为这是一种不断重复的强迫确认。但这些行为到底是不是强迫障碍，会不会发展成强迫障碍，下面来介绍强迫障碍的有关内容。

强迫障碍主要表现为强迫观念和强迫行为，其特点为有意识的强迫和反强迫并存。一些毫无意义甚至违背自己意愿的想法或冲动反复侵入患者的日常生活，多数患者认为这些观念和行为是没有必要的或者是异常的，是违反了自己意愿的。患者虽体验到这些想法或冲动是来源于自身，极力抵抗，但始终无法摆脱，两者强烈的冲突使其感到巨大的焦虑和痛苦感，影响其学习工作、人际交往甚至生活起居。病程迁延的患者可出现仪式行为。患者常有强迫人格，起病多在童年或成年早期。强迫障碍的病因复杂、尚无定论，是一种多维度、多因素疾病，病前人格、遗传风险、生理因素、心理因素和环境因素在其发病中发挥作用。

一、临床表现

（一）强迫观念

强迫观念主要分为以下 7 种。

1. **强迫思维** 强迫思维是反复闯入患者头脑中的观念、表象或冲动行为，形式比较刻板，内容常毫无意义，却总是令人痛苦。患者往往设法抵制，但不能取得成功。虽然这些思维并非自己的意愿而且令人感到反感，但患者往往认为它是属于自己的。

2. **强迫穷思竭虑** 患者对一些常见的事情、概念或现象反复思考，刨根问底，自知毫无现实意义，但不能自我控制思考。如反复思考"是先有鸡还是先有蛋？""天为什么会下雨？""地球为什么是圆的，而不是方的？"等等。

3. **强迫怀疑** 患者对自己的言行的正确性或准确性产生怀疑，

反复怀疑，需要反复检查、核对，以确定其正确性或准确性，如怀疑自己发热了，怀疑自己被病毒感染了，门窗没有关好、物品没有清洗干净等。患者能意识到自己将事情已经做好，只是因过度担心而想要反复检查。

4.强迫对立观念　患者看到一句话或脑中出现一个观念，便不由自主地联想起另一个性质对立的观念和词句，如想起"和平"，马上就联想到"战争"。

5.强迫联想　强迫症患者想到、听到或看到某事物时，就不由自主地联想到一些令人不愉快或不祥的情景，且这种联想是过度的，不能自我控制。例如，见到有人发热了就过度联想到自己是否发热了；看见有人因新型冠状病毒肺炎去世了就会不由自主地过度联想到家人是否因感染去世。联想时，患者反复联想，不能控制，并且越想越紧张、担心。

6.强迫回忆　患者意识中不可控制地反复呈现出以往经历过的事情，想摆脱却无法摆脱，内心感到十分痛苦，有时强迫性回忆与强迫性怀疑可同时出现。有的患者在强迫回忆时，表现为发呆，实际上是在冥想，若被打断或被认为想得不对，则需要从头再想起。

7.强迫意向　患者有一种内在的要去做某种违背自己意愿事情的强烈冲动，实际上不会去做，却控制不住有这种冲动。患者能意识到这种冲动是荒谬的、非理性的，故努力克制，但内心这种强烈冲动无法摆脱，内心纠结，痛苦不堪。

（二）强迫行为

强迫行为是指强迫症患者通过反复的行为或动作以降低或阻止强迫观念所引发的焦虑和痛苦的一种行为或仪式化动作，常继发于强迫观念。

强迫行为主要包括如下 5 种。

1.强迫检查　多为减轻强迫怀疑所致焦虑而采取的措施。例如，反复检查门窗是否关好；反复检查防护服是否穿好；反复检查电源开关、煤气等是否关好。反复检查是过度的，患者明知没有必要却无法控制，内心痛苦。

2.强迫洗涤　多源于"怕受污染"这一强迫观念，患者反复不断地洗手、洗澡或洗衣服、清洗餐具等，甚至要按照一定的程序清洗。例如，患者担心被新型冠状病毒所感染，反复洗手，已经按程序规定洗好，但仍不停地反复清洗，患者本人明知没有必要，但无法控制。

3.强迫询问　患者常对自己不相信，不相信自己的想法或所见所闻，为消除或降低此类疑虑所带来的焦虑，常不厌其烦地询问他人，以获得解释和保障。例如，反复询问自己做的是否正确，数字是否准确等。这源于他们内心缺乏安全感，与过分苛求自己、追求完美、过于理智等心理活动有密切关联。

4.强迫计数　患者对数字发生了强迫观念，如对偶然碰到的电话号码、银行卡号、汽车牌号等要反复默记，或反复不断地数窗格、楼梯、楼层，浪费了大量的时间，却没有任何意义，患者能够意识到没有必要，但不能控制。

5.强迫性仪式动作　是患者为了对抗某种强迫观念所致焦虑而逐渐发展起来的，这是一些反复出现的、固定化的、僵化的程序或仪式动作，这些仪式程序对他们来说往往象征着吉凶祸福或逢凶化吉等意义。例如，患者出门一定要先迈左脚出门，如未如此或这一脚没有迈好，则一定要退回来再重复多次，口中还念念有词；回家进门，一定要先迈右脚，鞋尖朝东摆正等，否则要反复多次，不然就会感觉不吉利。强迫性仪式动作可占去患者一天中的数小时，还可能伴有明显的犹豫不决和行事迟缓。

（三）回避行为

患者会有意回避触发强迫观念或强迫行为的各种情景，这可能是强迫障碍患者最突出的症状，在疾病严重时回避行为可能成为最受关注的症状。在心理治疗过程中，治疗者让患者更多地显露在诱发强迫症状的环境，随着回避行为的减少，强迫行为或动作可能增加，要做好患者的解释工作。

（四）其他

强迫思维和（或）强迫动作常引发焦虑，让患者内心纠结，强迫症状加重时也常引发抑郁症状，患者抑郁症状的加重或减轻一般会伴随着强迫症状严重程度的变化。

强迫障碍患者常伴有病态的人际关系，一种是患者要求他人和自己一样容忍其症状，更有甚者，家属被患者要求必须严格执行其仪式行为，如按患者的程序进行洗涤物品；另一种是患者与家属产生敌对关系，强迫症状被他人误认为是患者的有意对抗，这可能会加重患者的强迫症状并导致敌对关系的进一步加剧。

强迫洗手的患者因为反复多次洗手，常可见双手皮肤角质层受损，强迫性抠、挖、拔毛的患者可见相应部位的损伤。

二、治疗

对强迫障碍患者的治疗，一般是药物治疗、心理治疗两种方式，对于多数强迫障碍患者，两种方式并用或继用，效果更加。

（一）药物治疗

1.急性期的治疗　SSRI 是目前的一线治疗药物，治疗强迫障碍时的剂量常为处方推荐的较高或最高剂量，如舍曲林、艾司西酞普兰、帕罗西汀、氟西汀、氟伏沙明等。急性期治疗至少 12 周，起效往往需要 3 ~ 6 个月。

40% ~ 60% 的患者经过上述一次治疗，症状的 30% ~ 40% 能得到改善。对疗效不佳的患者，可进行强化联合治疗，有效的联合用药包括阿立哌唑、利培酮、氯硝西泮等。

2. 巩固期与维持期治疗 急性期治疗取得效果后需要过度到巩固期和维持期。相关研究表明，持续治疗能减少患者的复发，持续 1 ~ 2 年的治疗能使患者的复燃和复发率低于没有维持治疗者。预后不良的因素主要有发病早、病程长，强迫观念和行为并存，缺乏自知力等。

（二）心理治疗

对于多数强迫障碍患者，药物治疗和心理治疗同时或相继进行比单独使用任一种治疗的效果要好。

1. 认知行为治疗 暴露疗法和反应预防是治疗强迫障碍有效的行为治疗方法。暴露疗法是使患者暴露于引起焦虑的物品和环境中；反应预防要求患者推迟、减少甚至放弃能减轻焦虑的行为，如缩短洗手时间，减少检查频度，甚至放弃洗手检查。在治疗实施中，首先应对患者进行疾病教育，提高患者信心，使其依从治疗计划。对患者家属成员的教育和支持鼓励十分重要，他们是监督患者完成家庭作业最重要的人选。起初治疗者和患者须制订一个特别的激发焦虑的计划，通过会谈在治疗室内指导患者如何去做，以后通过家庭作业让患者单独去做，逐步增加难度，并在实施过程中评估患者的反应和认知治疗的效果。有效的暴露疗法和反应预防一般需要 12 次会谈与长时间的家庭作业。

2. 森田疗法 根据森田的病理理论，森田提出了针对性的治疗原理与方法。该疗法的着眼点在完善患者人格，打破精神交互作用，消除思想矛盾。其治疗原理可概括为2点。

（1）顺其自然：治疗者要让患者认清精神活动的规律，接受其自身可能出现的各种想法和观念；要认清症状形成和发展的规律，接受症状；要认清主客观之间的关系，接受事物的客观规律。顺应自然既不是对症状的消极忍受，无所作为，也不是对症状放任自流，听之任之，而是按事物本来的规律行事，听凭症状存在，不抗拒排斥，带着症状积极地生活。

（2）为所当为：忍受痛苦，为所当为。森田疗法认为，改变患者的症状，一方面要对症状采取顺应自然的态度，另一方面还要随着本来具有的生的欲望，去做应该做的事情；面对现实，陶冶性情。例如，要学会游泳，不跳入水中就永远也学不会游泳，即使完全不会游泳，跳入水中也是完全可以做到的，然后再逐步学习必要的技术。与此道理相同，强迫障碍患者无论怎么痛苦，在别人指导下也会做到，这样就可以在不知不觉中得到自信的体验。

“顺应自然、为所当为”治疗原则的着眼点是，打破精神交互作用，消除患者思想矛盾，陶冶性情。这一治疗原则还反映了森田疗法对意志、人格、行为和情感之间的关系的看法，即意志不能改变人的情感，但意志可以改变人的行为；通过改变人的行为来改变一个人的情感，完善一个人的人格。

第七节　躯体形式障碍

躯体形式障碍是一种以持久地担心或相信各种躯体症状的优势观念为特征的神经症。这类患者有以下显著特点：①过度关注身体健康，对自己身上出现的躯体症状、异常感觉，甚至是生理现象过分担心，明显超过了真实的严重程度；②患者因这些症状反复就医，各种医学检查阴性和医生的解释均不能打消其疑虑。即使有时存在某种躯体障碍，也不能解释所诉症状的性质、程度，或其痛苦与优势观念。这类患者经常伴有焦虑或抑郁情绪，尽管症状的发生和持续与不愉快的生活事件、困难或冲突密切相关，但患者常否认心理因素的存在。他们也拒绝探讨心理病因的可能，甚至有明显的抑郁和焦虑情绪时也同样如此。无论是从生理还是心理方面了解症状的起因都很困难。患者常有一定程度寻求注意（表演性）的行为，并相信其疾病是躯体性的，需要行进一步的检查，若患者不能说服医生接受这一点，便会感觉愤愤不平，此时更容易出现寻求注意的行为。本障碍男女均可患病，为慢性波动性病程。

躯体形式障碍主要包括躯体化障碍、疑病症、躯体形式自主神经紊乱和持续性躯体形式疼痛障碍等。本节介绍两种常见障碍：躯体化障碍和疑病症。

一、躯体化障碍

躯体化障碍是一种以多种多样、经常变化的躯体症状为主的神经症。本病女性远多于男性。

（一）临床表现

躯体化障碍的症状可涉及身体的任何系统或器官，最常见的是胃肠道不适（如疼痛、打嗝、反酸、呕吐、恶心等），异常的皮肤感觉（如瘙痒、烧灼感、刺痛、麻木感、酸痛等），皮肤斑点，性生活及月经方面的主诉也很常见。患者存在明显的抑郁和焦虑情绪。

患者在描述症状时往往带有夸大，而缺乏特异的、实质性的内容。

他们常同时在几个医生那里就诊，因此会同时接受几种治疗。频繁使用药物会给患者带来许多副作用，还有药物滥用的危险，而且患者通常都会进行许多不必要的检查，有的甚至是创伤性的检查或手术，而有的患者则反复住院。躯体化障碍常合并冲动或反社会行为、自杀企图、婚姻问题，因此在社会、人际及家庭行为方面长期存在严重障碍。躯体化障碍为慢性波动性病程，很少完全缓解，多在成年早期起病。

（二）诊断标准

1. 症状标准

1）以多种多样、反复出现、经常变化的躯体症状为主，在下列4组症状之中，至少有2组共6项。

①胃肠道症状，如腹痛、恶心，腹胀或胀气，嘴里无味或舌苔过厚，呕吐或反胃，大便次数多、便稀或水样便。

②呼吸循环系统症状，如气短、胸痛。

③泌尿生殖系统症状，如排尿困难或尿频，生殖器或其周围不适感，异常的或大量的阴道分泌物。

④皮肤症状或疼痛症状，如瘢痕，肢体或关节疼痛、麻木或刺痛感。

2）体格检查或实验室检查不能发现躯体障碍的证据，不能对症状的严重性、变异性、持续性或继发的社会功能损害做出合理的解释。

3）对上述症状的优势观念使患者痛苦，不断求诊或要求进行各种检查，但检查结果阴性和医生的合理解释均不能打消其疑虑。

4）可存在自主神经活动亢进的症状，但不占主导地位。

2. 严重标准 常伴有社会、人际及家庭行为方面长期存在的严重障碍。

3.病程标准　符合症状和严重标准至少2年。

4.排除标准　排除精神分裂症及其相关障碍、心境障碍、适应障碍或惊恐障碍。

（三）治疗

1.心理治疗　躯体化障碍的治疗应以心理治疗为主，其目的在于让患者逐渐了解所患疾病的性质，改变其错误的观念，减轻心理因素的影响。

（1）支持性心理治疗：首先要建立良好的医患关系，形成稳定的治疗联盟，让患者感到医生是关心、同情且愿意帮助自己的。在此基础上给予患者解释、指导、疏通，令其了解疾病症状有关的知识，对于缓解情绪症状、增强治疗信心有效。在这个过程中需要注意的是不能否认患者症状的存在，要承认患者的疼痛和痛苦，并进行全面、系统的身体检查和评估，排除真正的躯体疾病。即使在建立了躯体化障碍的诊断以后，对患者症状的判断也应建立在客观证据的基础上，而不能凭主观推测，因为躯体化障碍患者和普通人有同样的机会发生躯体疾病。

（2）心理动力学心理治疗：帮助患者探究并领悟症状背后的内在心理冲突，对于症状的彻底缓解有效。对患者的主诉和症状进行全面的评估，深入了解它们和人际关系、职业及家庭等方面的问题及其之间的联系。向患者指出他们的症状缺乏躯体疾病的证据，可能和应激有关。和患者讨论这些症状之间的联系会帮助患者获得一些内省。

（3）认知行为疗法：有足够实证支持此疗法对躯体症状障碍具有确切疗效。

（4）其他心理治疗方法：如催眠暗示治疗、存在-人本主义治疗、意象对话疗法、森田疗法、沙盘疗法也可用于躯体障碍的治疗。

2. **药物治疗**　目前尚无针对躯体症状障碍发病机制的"特效药"，医生会根据患者的躯体症状开具对症的药物如抗抑郁药、抗焦虑药、小剂量抗精神疾病药物等。这类药物对此类患者有不错的疗效，可缓解躯体形式障碍共患的睡眠障碍、焦虑、抑郁、人际关系敏感等心理问题，还能在一定程度上改善其躯体症状。但由于病耻感等原因，患者可能会拒绝服用这类药物。因此，一方面为了满足患者诊疗的心理需求，必要时适当用一些对症治疗的药物（如胃肠动力药等）；另一方面，要根据患者的文化背景进行沟通和解释，使患者接受此类药物治疗。

3. **其他治疗**　其他常见治疗方法包括经颅磁刺激治疗、电休克治疗、运动疗法、放松疗法、针灸、理疗等。这些方法可以减轻患者的慢性疼痛，能有效地减轻患者的焦虑抑郁等情绪，并且患者通过自身力所能及的主动锻炼，能建立起面对疾病的自信心，体会到对疾病的控制感，改变对"患者角色"的认同，提高对其他治疗的依从性。

二、疑病症

疑病症是一种以担心或相信严重躯体疾病的持久性先占观念为主的神经症，患者因为这种症状反复就医，各种医学检查阴性和医生的解释均不能打消其疑虑。即使患者有时存在某种躯体疾患，但不能解释所诉症状的性质、程度，与患者的痛苦与先占观念不相称。患者常伴有焦虑或抑郁。

（一）临床表现

疑病症主要表现为对自身健康或疼痛过分担心，认为已患有某种严重的疾病，诉说的症状多样，可局限于某一器官，也可涉及全身，内容为各种异常的感受。绝大多数的不适都和头颈部、腹部及胸部有关，主要症状是疼痛。需要注意的是，与不舒服的躯体感受或疼痛相比，患者似乎对症状的真实性、意义或产生原因更为关心。例如，主诉头痛的疑病症患者更关心是否是"肿瘤"造成了头痛，而不是头痛本身。由于各种检查的阴性结果和医生的保证都不能打消患者的疑虑，因此，疑病症患者常不断地更换医生，会认为没有受到认真的对待，也拒绝转诊到精神科。医患关系的紧张是常见的。由于患者过分关注自身健康，家庭生活及社会关系可能会受到影响。一般起病于成年早期，呈慢性波动性病程。

（二）诊断标准

1.症状标准

1）以疑病症状为主，至少有下列 1 项。

①对躯体疾病过分担心，其严重程度与实际情况明显不相称。

②对健康状况，如通常出现的生理现象和异常感觉做出疑病性解释，但不是妄想。

③牢固的疑病观念，缺乏根据，但不是妄想。

2）反复就医或要求进行医学检查，但检查结果阴性和医生的合理解释均不能打消其疑虑。

2.严重标准 社会功能受损。

3.病程标准 符合症状标准至少 3 个月。

4.排除标准 排除躯体化障碍、其他神经症性障碍（如焦虑、惊恐障碍或强迫症）、抑郁症、精神分裂症、偏执型精神病。

5.疑病症与躯体化障碍的鉴别诊断　疑病症患者关注的重点是障碍本身及其将来的后果，其先占观念仅涉及一种或两种躯体疾病，坚信自己得了某种疾病是疑病症的核心特征。而躯体化障碍患者更关注具体的躯体不适症状，且其主诉常变换，涉及的系统也较多。

（三）治疗

疑病症的治疗往往在临床上同样是以心理治疗为主，其余治疗为辅。由于疑病症患者否认他们的疾病和心理因素有关，因此，他们倾向于去综合性医疗机构就诊，很少能获得精神科医生或心理治疗师的帮助。研究表明，早期转诊接受精神科或心理医生评估及治疗的疑病症患者预后较一直在综合性医疗机构就诊的患者预后好。

1.心理治疗　疑病症患者对人的信任感较低，通常敏感多疑，因此，支持性心理治疗同样很重要。治疗者与患者交谈时需要有极大的耐心、同理心，以充分的人文关怀取得患者的信任与合作，以建立良好的治疗关系，为后续的心理治疗奠定基础。

临床试验表明，认知行为疗法是治疗疑病症的有效方案。认知行为疗法理论认为，患者的错误观念或不正确的认知过程常导致不良行为和情绪，治疗的重点在于帮助患者解决问题背后的认知根源——不合理信念，重塑患者的思维方式和人生观，以达到改善临床症状的目的。正是由于不良的认知过程与疑病症的形成密切相关，因此，认知行为疗法可帮助患者认清心理问题，改变以往非理性的认知观念，敢于接受现实生活中的冲突与困难，逐渐接受医生的解释及治疗方法，建立理性的认知观念，学会新的应对方式，更好地适应社会。认知行为疗法的主要治疗目标是协助当事人克服认知盲点、模糊知觉、自我欺骗、不正确判断及改变其扭曲认知或不合逻辑的思考方式；鼓励患者尝试积极的应对行为，改变以往回避问题的消极应对行为，以达到治病的目的。随着互联网的发展，计算机化的认知行为治疗方法也已开始应用于临床治疗。

其他心理治疗方法如内观认知治疗、森田疗法、催眠暗示疗法、短程精神动力疗法、认知干预技术、团体心理干预技术等也都有用于治疗疑病症的报道并获得较好疗效。

2.药物治疗　针对患者的抑郁、焦虑的情绪，可以选择抗抑郁类药物或抗焦虑类药物，像比较常用的 5-羟色胺再摄取抑制剂、苯二氮䓬类药物，能起到较好的疗效。对于确实治疗比较困难的患者，还可以选择一些小剂量的、非典型的抗精神病的药物来帮助解决。治疗者给疑病症患者用药物治疗应慎重，一方面患者关注的是确定或证实是否存在严重疾病，他们害怕药物及其副作用，难以配合治疗；另一方面用药不当也会强化患者的疑病观念。

3.其他疗法　生物反馈疗法、阅读疗法、中药等方法也都可以用于疑病症的治疗，但大多用于辅助治疗。

第八节　睡眠障碍

2020 年的春节与以往不同，全国人民共同奋战在新冠肺炎疫情的防控一线。无论是患者、被隔离者及其家属，还是医护人员、普通人群，都心系新冠肺炎疫情情况。每日查看病例播报，每个人都可能或多或少产生担忧和恐惧心理，常处于高度警觉状态，从而影响睡眠，产生入睡困难、频繁醒来、早醒、睡眠浅、多梦、晨起困倦、精力不足等现象。部分人经过自身调节，能自行恢复正常，而部分人因过度担心和恐惧，无法从短期失眠中恢复，甚至发展出一些不良的睡眠观念和行为习惯，转化为慢性失眠，从而导致其他疾病的发生。

　　睡眠障碍是指在合适的睡眠环境中不能进行正常的睡眠，主要表现为入睡困难、维持睡眠困难、过早觉醒和睡后无恢复感，可引起躯体功能障碍或明显不适感。这些睡眠问题往往伴随着困扰或伴随着家庭、社会、职业、学业或其他重要功能的损害。到底需要多严重的睡眠紊乱程度方可诊断为失眠，主要依赖于个体的主观感觉，并且该程度是否足以引起临床关注因年龄不同而异。

　　尽管如此，目前普遍认为，在儿童和青年成人中，睡眠潜伏期或入睡后觉醒时间大于 20 分钟则可被认为是临床上显著的睡眠紊乱。而在中老年人中，该标准则大于 30 分钟。关于早醒的定义未得到较好的解释，但一般认为比预期的起床时间早醒 30 分钟并引起总睡眠时间的减少（与患病前的一般睡眠情况比较）则可视为早醒。

　　有研究显示，睡眠质量不佳的发生率也体现出随年龄增长而增加的趋势，不同性别睡眠质量不佳的发生率具有显著性差异，女性高于男性。不同兵种军人睡眠质量不佳的发生率无显著性差异。

一、睡眠障得的分类及诊断标准

　　1.国际睡眠障碍的分类及诊断标准　常用的有《精神类疾病诊断和统计手册》第 4 版（DSM- Ⅳ）、《国际疾病分类》第 10 版（ICD-10）和《睡眠国际障碍分类指南（ICSD）》。这些标准大体上类似，只是在一些亚型划分上有所不同。

　　2.我国睡眠障碍的分类及诊断标准　我国多采用《中国精神疾病分类方案与诊断标准》（CCMD-2-R），其有关睡眠与觉醒障碍分类（1995）包括各种非器质性睡眠与觉醒节律紊乱，不包括脑器质性病变或躯体因素引起的睡眠与觉醒障碍。

（一）失眠诊断标准

1）睡眠障碍几乎是唯一症状，其他症状均继发于失眠，包括入睡困难、睡眠不深、易醒、多梦、早醒、醒后不易再睡、醒后感到不适、疲乏或白天困倦等。

2）上述睡眠障碍每周至少发生 3 次，并持续 1 个月以上。

3）失眠引起显著的苦恼或精神活动效率下降或妨碍社会功能。

4）不是任何一种躯体疾病或精神障碍症状的一部分。

（二）嗜睡症诊断标准

1）白天睡眠过多，持续 1 个月以上。

2）不存在下述情况：①睡眠时间不足；②从唤醒到完全清醒的时间延长或睡眠中呼吸暂停；③发作性睡病的附加症状（如猝倒症、睡眠麻痹、睡前幻觉或醒前幻觉等）；④脑器质性疾病或躯体疾病引起的嗜睡；⑤以睡眠障碍为症状之一的其他精神障碍。

（三）睡行症诊断标准

1）在睡眠中起床活动，一般持续数分钟，不到 1 小时。

2）无言语反应，不易唤醒。

3）发作后自行回到床上或躺在地上持续睡眠。

4）次晨醒来对发病经过不能回忆。

5）无痴呆和癔症的证据，可与癫痫并存，但应与痫性发作鉴别。

（四）夜惊诊断标准

1）在睡眠中突然惊叫、哭喊，伴惊恐表情和动作，以及产生心率增快、呼吸急促、出汗、瞳孔扩大等自主神经功能紊乱症状。通常在晚间睡眠后较短时间内发作，每次发作持续 1 ~ 10 分钟。

2）发作后对发作时的体验完全遗忘。

3）排除热性惊厥和癫痫发作。

（五）梦魇诊断标准

1）在睡眠中被噩梦突然惊醒，对梦境中的恐怖内容能清晰回忆，心有余悸，通常在晚间睡眠后期发作。

2）从恐怖梦境中转醒后迅速恢复定向力，处于清醒状态。对梦境中恐怖体验和引起的睡眠障碍感到难受。

六）未特定的睡眠与觉醒障碍

美国国家卫生研究院（National Institutes of Health，NIH）建议，睡眠障碍患者初诊时，应详细了解以下问题。

1. **睡眠史**　为诊断最关键的一步，通常采用问卷调查表，掌握睡眠障碍主述的性质、睡眠障碍的持续时间、严重程度及进展情况、并发症情况及表现形式，形成初步的定性分类。

2. **用药史**　既往药物疗效有助于指导进一步治疗。

3. **精神疾病史**　确定是否患有精神疾病。

4. **体格检查**　重点检查眼、耳、口、喉、颈部及血压情况。

5. **实验室检查**　如多导睡眠图检测等。

二、失眠障碍的影响

失眠障碍的危害不容忽视，慢性失眠障碍患者的精神活性物质使用率和自杀率显著高于正常人群。慢性失眠可造成严重的社会资源消耗。它不仅产生庞大的医疗费、护理费等，导致医疗保健直接支付费用的增加，而且由于引起工作绩效下降、误工等因素，也会导致社会经济的损失。

患者表现出白天功能缺损，影响正常工作和生活；可出现情绪紊乱、精神衰弱，严重者出现心理障碍、轻生自杀；还可导致免疫功能失调，诱发或加重心脏疾病、高血压病、糖尿病等。慢性失眠障碍不仅会影响自身，而且对其家人、朋友、工作伙伴均可造成不利影响。对慢性失眠障碍患者而言，共患疾病如抑郁、焦虑、慢性疼痛和物质依赖都十分常见。先前的观点认为，失眠是各类精神障碍和躯体疾病的后果，但是最近 10 年越来越多的证据显示失眠是多种精神障碍和躯体疾病的危险因素。失眠障碍和抑郁障碍、焦虑障碍之间存在双向促进、形成恶性循环的风险。

年龄、服役时间和受教育水平 3 个变量之间存在相关性，特别是与年龄和服役时间两者高度相关。军事应激对军人睡眠质量和睡眠障碍的患病率都有显著影响。失眠障碍对情绪功能有显著影响，引发焦虑情绪比抑郁情绪更加普遍。

三、睡眠障碍的处理原则

（一）失眠认知行为治疗

失眠又称为入睡和维持睡眠障碍，是指入睡和睡眠维持或睡眠形式发生障碍导致睡眠的质和量不能满足个体正常需要的一种状况。失眠是一种综合征，是临床上最多见的睡眠障碍。在《睡眠国际障碍分类指南（ICSD）》中，推荐以进入睡眠障碍（DIS）和睡眠维持障碍（DMS）取代失眠。世界卫生组织关于失眠的定义为：①有入睡困难、保持睡眠障碍或睡眠后没有恢复感；②至少每周 3 次并持续至少 1 个月；③睡眠障碍导致明显的不适或影响了日常生活；④没有神经系统疾病、其他系统疾病、使用精神药物或其他药物等因素导致失眠。

认知行为疗法，试图通过一定的方法去改变患者的负性观念和不良态度，而代之以健康、有效的观念、情感和行为。认知行为疗法对失眠的治疗主要是针对导致失眠长期的维持因素。通过进行健康睡眠卫生习惯教育和合理睡眠观念的建立，改变非适应性的睡眠方式，减少自主唤醒和认知唤醒，从根本上改正关于睡眠的不良信念和态度，达到治疗的目的。

1.错误的认知 患者常有对睡眠时的刻板认识，认为每晚必须达到足够的睡眠时间。许多研究已经证实，个体睡眠时间的需求具有明显差异性，睡眠质量是其重要影响因素。不同个体甚至同一个体的不同年龄和生理阶段，都会有不同的睡眠时间需求。而且即使睡眠时间缩短，但只要能保证足够的睡眠质量，个体在觉醒后仍然能够得到充分恢复的主观感受。还有部分患者存在失眠的归因偏差，认为主要是外界环境或自己身体某些未知疾病导致了失眠。

2.负性的自动化思维 失眠患者常过分夸大失眠的短期影响和长期影响，包括对身体健康、生理和心理功能方面的影响，认为失眠会对身体带来持续性的损害。

3.对睡眠的过度关注和担心 一些患者会过分关注和担心睡眠，对不能睡着的恐惧会提高日间和晚上的唤醒；一些患者一旦失眠，就可能固着于自己的睡眠，每天花大量时间考虑晚上能否睡好、怎样才能睡好等，这样反而加重失眠。

4.不良的行为 不良的睡眠卫生习惯如夜间不睡就开着电视、玩游戏、上网、吃夜宵等；白天大量饮咖啡提神，为补偿睡眠午睡、早早卧床或早晨醒后"赖床"。这些错误的认知和不良的行为方式会严重影响患者的睡眠。

（二）睡眠障碍的药物治疗

当认知行为治疗效果不佳时，可选择联合药物治疗。如果条件允许，应在药物干预的同时进行认知行为治疗。

使用药物治疗时，推荐使用药物的一般顺序为：

1）短期使用苯二氮䓬类药物，如地西泮、艾司唑仑、劳拉西泮、奥沙西泮等。或者苯二氮䓬类受体激动剂如唑吡坦、佐匹克隆、扎来普隆。

2）小剂量使用具有镇静作用的抗抑郁药物，尤其是对与共病焦虑/抑郁的患者，药物如曲唑酮、阿米替林、多塞平、米氮平。当共病有抑郁或是第1种方案治疗效果不佳者，可考虑使用小剂量此类抗抑郁药物。当重度抑郁共病失眠症时，小剂量抗抑郁药物是不适合的。

3）若效果不佳，可上述治疗1）和2）联合使用。

4）其他具有催眠作用的药物，如抗癫痫药（如加巴喷丁、噻加宾）和非典型抗精神疾病药物（如喹硫平、奥氮平）。

5）抗组胺药、抗过敏药及神经营养物质等都不作为慢性失眠患者推荐使用的药物。

有些严重失眠症或顽固性失眠症，可能需要长时间使用催眠药物，应结合适当的认知行为治疗。同时，尤其对长期用药的患者，应坚持随访，定期评估，监测不良反应等。失眠治疗过程中几周一次的评定很重要，6个月是失眠症复发的高峰期。

第四章　常用的心理干预技术和方法

第一节　正念冥想技术

正念冥想是一组以正念技术为核心的冥想练习方法。近几十年来，随着与现代心理学的结合以及去宗教化的价值定位，正念冥想在心理学领域掀起了热潮。以正念训练为基础的疗法，不仅在临床上针对不同的心理障碍均取得了很好的效果，也正逐渐应用于部队的心理训练。

一、正念冥想概述

正念有时被称为"内观禅"。如同"念"字本身（"心"在"今"下）就是正念最好的写照，即有意识地觉察、关注当下、不作评判。目前将正念定义为个体有意识地把注意力集中于当下而出现的一种意识，是不作任何判断的一种自我调节方法。

冥想是实现入定的途径，主要作为禅修、瑜伽的一项技法。通过简单的练习，正念疗法即可帮助人们告别负面情绪，重新掌控生活。

正念冥想是一组以正念技术为核心的冥想练习方法，主要包括禅修、内观及现代的正念疗法。

禅修，印度语意思是"心灵的培育"，就是将心中的良好状态培育出来。

内观是指如实观察，也就是观察事物真正的面目。它是透过观察自身来净化身心的一个过程，开始时借着观察自然的呼吸来提升专注力，等到觉知渐渐变得敏锐之后，接着观察身和心，每一刹那的动作。

正念疗法是对以正念为核心的各种心理疗法的统称，较为成熟的正念疗法包括正念减压疗法、正念认知疗法、辩证行为疗法和接纳与承诺疗法。正念疗法被广泛应用于治疗和缓解焦虑、抑郁、强迫、冲动等情绪心理问题，在人格障碍、成瘾、进食障碍、人际沟通、冲动控制等方面的治疗中也有大量应用。

二、正念冥想技术

近几十年来，正念冥想技术引起了国内外越来越多心理学者的兴趣，正念被提炼成一种心理训练方法。正念训练技术主要包括静坐冥想、身体扫描、行禅和三分钟呼吸空间。

1. **静坐冥想**　是正念训练最核心、最基本和最主要的技术，包括正念呼吸、正念身体、正念声音和正念想法 4 个方面，它们是循序渐进的过程并不是独立存在的。在练习中，有意地、不逃避地、不加评判地、如其所是地观察伴随呼吸时腹部的起伏，观察身体的各种感觉，注意周围的声音，注意想法的升起、发展、变化，以至消失。

2. **身体扫描**　是正念训练常用方法之一，旨在精细觉知身体的每一个部位。身体觉知能力的增强可以帮助我们去处理情绪，同时将注意力从思维状态中转移到对身体的觉知上来。在身体扫描中，练习者闭上眼睛，按照一定的顺序（从头到脚或从脚到头）逐个扫描并觉知不同身体部位的感受。以下是身体扫描的指导语，供参考。

　　"请躺在垫子、厚地毯或床上，如果感觉舒服，请闭上双眼，双手置于身体两侧，两脚自然分开。现在请注意你身体的感觉，你躺在那里，你的身体是一个整体，正在被什么东西支撑着。当你躺在那里的时候，要提醒自己，不要刻意地追求达到某种状态，你的目的是轮流关照身体的每一个部分，了解已经存在的身体知觉。所以，我们的目标不是为了达到某个特定的状态，而是感知已经存在的东西。因此，放弃刻意追求某种状态的想法，也不要企图判断自己的身体状况，只需要从容地跟随指导语说的去做，当出现走神的时候，顺其自然地将意念带回来，不要强迫自己。"

　　"现在选定一个时机，将你的注意力引到腹部的呼吸上面，关照腹壁在吸气时的伸展和呼气时的下陷，看看你呼吸的时候是不是这样的。集中注意力，向下移动到你的双脚，随着注意力的转移，关照两脚的知觉，包括脚趾处、脚掌处、脚踝、脚背处的知觉，现在这些部位有什么感觉，如果没有出现什么特别的知觉，那就保持这种空白的状态。如果感觉很细微，那么注意到它即可，这就是你当下的体验，不要试图感受更多的东西，只要将注意力停留在这里即可。"

　　"现在做一次深呼吸，在呼气的时候放下脚部的知觉，让它消融在意识之中，然后将注意力转移到脚踝，这个部位有什么感觉？做一次深呼吸，在呼气的时候放下脚踝处的知觉，将注意力转移到小腿。在这里停留3秒钟，注意感受小腿被你躺着的地方所支撑的感觉。充分感受皮肤表面和小腿内部产生的所有知觉，做一次深呼吸，呼气的时候放下小腿处的知觉。注意力转移到膝盖，让注意力停留在这里，不要想着膝盖，而是直接关照这里当下的知觉，注意有哪些知觉改变了，哪些没有变。观察你现在的具体情况，选择一个特定的时机做一次深呼吸，呼气的时候放下膝盖处的知觉，注意力转移到大腿。你在这里察觉到了什么？也许是衣物与皮肤表面接触的感觉，也许是沉重或轻盈、脉搏跳动、振动等知觉。现在请做好准备。在吸气的时候想象空气可以进入身体，一直流动到腿部，然后到脚部。呼气的时候，想象空气从脚部向上流动，一直流出身体，这样吸气的时候你就会体验到空气充满腿部的感觉，以及呼气时腿部空下来的感觉。如果你愿意，在接下来的几次呼吸中继续体验这种知觉。现在做一次深呼吸，呼气的时候放下腿部的知觉，让它消融在意识之中，然后将注意力转移到臀部和骨盆、右臀、左臀、接着是整个骨盆和该区域的所有器官，也可以想象一下空气随着呼吸流动到这个区域的样子。然后做一次深呼吸，呼气的时候放下臀部和骨盆的知觉，将注意力转移到后背，从下背部开始，然后随着吸气将感知区域扩展到背部中段，接着来到上背部，包括肩胛骨，直到注意力关照到整个背部为止，用背部做呼吸练习。现在做一次深呼吸，想象将空气吸入背部，呼气的时候放下背部的知觉。注意力转移到身体前部，首先是小腹，看看这里有什么知觉？然后注意力扩展到整个区域，随着呼吸感受知觉的变化。你可能会经常分神，陷入思考、白日梦、担忧的状态，或者有种希望冥想快速进行到下一步的感觉，也许也会感到厌倦、无聊和焦躁，有时它们非常令你分心。出现这种情况时，请注意，这并不是你做的不对，一切都很正常，你只需要注意到自身的感觉和令你分神的因素即可，承认它们的存在，或许可以观察一下它们是如何影响你的身心的。"

"不要评判自己做得是否正确，将注意力带回你需要关照的地方就可以。现在应该是小腹。呼吸，选择一个特定的时机做一次深呼吸。呼气时放下腹部的知觉，注意力转移到胸部，一点点地关照这个区域的知觉，就像你正在抚摸这个区域一样。在特定的时机做一次深呼吸，刻意将空气吸入胸腔，做好准备，然后呼气，同时放下胸部的知觉，将注意力转移到双手和双臂，将它们作为感觉的中心。现在做一次深呼吸，呼气的时候放下双手和双臂的知觉，注意力转移到双臂和颈部，这个区域有什么知觉？无论有何感觉都要承认和关照它们，然后在此区域做呼吸练习。做一次深呼吸，呼气的时候放下双肩和颈部的知觉，注意力也转移到头部和面部，从下颌到上颌，从嘴内到嘴唇，到鼻孔，到鼻子表面，到双颊，到脸部两侧和两耳，到眼睛、眼睑、眉弓、眉毛之间的区域、前额和前额两侧、太阳穴、头皮。现在想象你吸入的气流可以充满整个头部，你可以感觉到面部后方的呼吸和空气流动，随着每次呼吸的进行，混浊的气体排出，新的空气填满整个空间。"

"你躺在那里，想象呼吸的气流充满整个身体，将空气吸入全身，然后呼出，现在放下呼吸的知觉，只是躺在那里，让身体保持现在的状态，身体有一种回家的感觉，保持身心的完整，在觉知中休息。"

3. **行禅**　是在行走中进行的正念训练。练习中，将注意力集中在脚部，注意脚底与地面接触的感觉，注意行走中脚的抬起、移动、放下，注意脚部、小腿等部位的各种感觉。速度要慢，重要的是体验这种身体感觉。整个过程中自然地呼吸，不加控制。当注意力移开时，注意到注意力的离开，重新回到对脚和腿的觉知。

4. 3分钟呼吸空间　这是一个更加灵活、简单、耗时短而非常有效的正念训练技术。在练习中，练习者采用坐姿，闭上双眼，体验此时此刻的想法、情绪状态、身体的各种感觉。慢慢地将注意力集中到呼吸，注意腹部的起伏。围绕呼吸，将身体作为一个整体去觉知。快速地做一次身体扫描，注意身体的感觉，将注意力停留在异样的感觉上，并对这种感觉进行命名。

三、正念冥想与现代心理学的融合

正念冥想与现代心理学融合后在心理学治疗领域掀起了研究的热潮。以正念训练为基础的疗法，在临床上针对不同的心理障碍均取得了很好的效果。现代的正念疗法主要包括正念减压疗法、正念认知疗法和辩证行为疗法。

1. 正念减压疗法　是卡巴金于1979年创立的。他在美国麻省理工大学创建了减压诊所，将正念引入心理治疗领域来帮助患者进行疼痛和压力管理。这种疗法是以正念冥想练习为核心，通过连续8～10周的训练，形成的一套严格、标准的团体训练课程。正念减压疗法对其他心理疾病也有显著的防治作用。

2. 正念认知疗法　该疗法创立于1995年，主要用于防止抑郁复发。这种训练可以及时觉察能导致抑郁复发的消极思维模式，从而消除这种模式。正念认知疗法是在正念减压疗法的8周训练基础上，结合了认知治疗中的去中心化的观点而形成的。

3. 辩证行为疗法　主要运用于治疗边缘性人格障碍，尤其适合那些有自杀行为和自我伤害倾向的来访者。Linehan 尝试改变传统的认知行为疗法，通过强调接受而非改变来治疗边缘性人格障碍来访者。其基本思想是通过学习数种技巧来控制极端情绪与行为以达到一种平衡状态。

除此之外，正念训练在焦虑障碍、成瘾行为、自杀、进食障碍、药物滥用、创伤等相关问题的治疗中都有很好的效果。

四、正念冥想的应用

正念冥想与现代心理学结合后广泛应用于应激相关的生理和心理障碍的治疗，有其客观的分子机制和（神经）生物学基础。正念冥想训练能够降低皮质醇水平和血压，改善认知、记忆和情绪，增强心血管、神经和免疫功能。长期的冥想训练不仅可以改变脑电活动，而且能改变大脑结构，如负责注意力和综合情绪的大脑皮质变厚、与恐惧情绪有关的杏仁核变小。除此之外，短期冥想训练也可改变大脑复杂网络的可塑性。

正因为其科学基础，正念冥想不仅广泛应用于临床治疗，还应用于正常人群中。短期的正念训练有助于提高学生持续专注能力、提高学习成绩。正念训练可以增加普通人群心理幸福感，提高免疫功能，甚至增强职业能力、学习能力。积极心理学创始人马丁·塞利格曼将正念作为增进身心愉悦的三大要素之一。正念训练提升幸福感已成为研究者日渐关注的课题。

正念冥想训练实施方便、条件要求低，特别是短期的正念训练仍然有着显著的效果。短期冥想训练即可改变大脑复杂网络的可塑性，每天 10 分钟的正念训练可提高研究生入学考试的阅读词汇成绩、增强工作记忆能力和认知功能等。

在部队，军人面临越来越复杂、越来越激烈的生理和心理应激（压力），正念冥想被逐渐应用于军人的心理训练。美国国防部将正念冥想训练作为有效的压力应对方法之一。美军 2011 年的一项调研报告显示，超觉冥想、正念、渐进性肌肉放松训练，对军人而言是 3 种有效的恢复方法；迈阿密大学心理学家阿米希·嘉在美国国防部的资助下采用短期的冥想训练来增强美海军的心理适应能力，发现每天进行 12 分钟的正念冥想练习可以帮助海军军人保持注意力和工作记忆的稳定。一项针对患有急性应激障碍的参战退伍军人的研究显示，正念减压疗法能够减轻急性应激症状，改善其情绪状态，包括抑郁、眩晕、疲劳和紧张症状，而这种效应可能与减少皮质醇浓度有关。在伊拉克前线，美军也曾通过正念冥想训练帮助部队人员认识和应对负性情绪。

第二节　内在智者技术

危机事件会摧毁来访者的力量感与自控感，轻则在相当长的时间里令其感觉失落、无助，重则会导致人格解体与崩溃。因此，我们需要及早地、有针对性地使来访者与相关回忆和感受保持适当距离，重新恢复对日常生活的掌控感，从而有能量和信心去面对巨大的创伤记忆与体验。

内在智者技术可以帮助遭受创伤的人在内心构建出一个积极、有力量的帮助者。它既可以在来访者感觉不错时陪伴左右，也可以在他们有问题时起到帮助作用。具体的引导词参考如下：

　　"请将注意力从外部转向你的内部，仔细观察一下自己丰富的内心世界。

　　现在，请你尝试着和自己的'智慧'建立起联系，这听起来似乎有些抽象，但你与自己内在的智者一定打过交道，或许你只是没这么叫过它。

　　内在的智者只有当你的注意力非常集中时才会察觉到。它能客观地观察和评论此时此刻正在发生的事情，可以说，内在的智者是一个不会撒谎的裁判，它会告诉你什么是对的、什么是好的、什么是真的。如果暂时想不到，你可以回想一下，是否曾经在做完某件事情之后就会懊悔地想'天呐，我刚才都做了些什么？'这些都是内在智者发出的声音。

　　内在智者可以是人，也可以是物，它永远都在你的心里，当你需要时它就会全力帮助你。

　　请让所有的感觉自由地延伸，看一下你的内在智者是什么样子的，你听到了什么，感觉到了什么。请开启你所有的感官，让它自由地出现，然后留住它。

　　如果有什么不舒服的事物出现，请告诉它，它们不受欢迎，然后将它们送走，你现在只想遇见有用的事物。对于其他的事物，只有在你想跟它们打交道时，它们才可以出现。

　　（在个别治疗时，如果你想告诉我一些关于你内在智者的事情，那你现在就可以告诉我；如果你想保留自己的经验，也都可以。）

　　如果你能建立这种关系，你就可以让这位智者为你提供一些建议和帮助，请你想一想，你有哪些重要的问题要问它，或者想请它提供哪些帮助或支持。

请将你的问题或要求提得更加明确和清楚一些，请你对每一种回答敞开心怀，不要对它作出太多的评价。

如果你已经得到一些答案，请你对这种友好的帮助表示感谢。

你也可以设想，经常请这位内在智者来到自己身边；你也可以请求它，经常陪伴在你身边。

如果到现在你还没有和你内在的智者建立联系，就请常做这个练习。总有一天，这种联系会建立起来。

现在，请你集中自己的注意力，回到这间房子里来。"

第三节 遥控器技术

遥控器技术是通过在内心构建一个遥控器，从而对危机事件后可能经常闪回的"图像"有着最佳的掌控能力，常和"保险箱技术"一起使用。

就像日常使用的电视、新型照相机一样，可以对许多图片和照片进行技术处理，如画面闪现和消失的方式、焦距的拉长和缩短等。

请你设想一下，现在你的手上拿着一个遥控器，并可以通过它来调整静止的或动态的画面或图像。想一想遥控器的样子，你也可以自己设计一个新的款式。

它是什么样的？是用什么材料做成的？什么颜色？那些按钮是什么颜色的？上面的按钮多还是少？按下按钮时的感觉是什么？是那种软橡胶的还是硬塑料的？遥控器被拿在手上的感觉是什么样的？很轻还是有点重？很合手，还是有什么地方需要在手上做些改进？在想象里，怎么做都可以……

现在请你再将它拿在手上，感受一下，看看你对它是不是满意，或者你还想做哪些调整？如果想调整的话，就再花一点时间。

如果你已经比较满意了，就可以欣赏一下你自己设计的遥控器。

现在对遥控器的设计已经完成了，但还要在技术性能上再花一点时间。

为你的遥控器再设置一些你所喜欢和需要的功能，如果你对技术不太在行，我可以提供一些线索：有电源的开启和关闭，快进和快退，让画面停顿或暂停，使画面更亮或更暗，让对比度更高或更低，变焦效果（拉近或推远），声音调大调小，以及静音等功能。

不用着急，悠闲地将你的遥控器设计到你满意为止。

现在请你找出一段开心的回忆内容（可以是一个小的场景，就像电影里的一个小的片段）。

找到这一幕后，就请你来调试你的遥控器的各种功能。每一次都找出一个特定的功能，留意观察，看看它是否能很好地对画面进行调控。

不要着急，在你练习使用各种画面调节功能时，一定要有足够的耐心（根据来访者的情况不同，可以将引导词发挥的更加具体："请按下停止键，看看发生了什么？按下开始键，在画面进行的过程中又发生了什么？按下暂停键，发生了什么？现在将焦距调近一点，发生了什么？"等）。

请你将积极的影片用定格（或暂停键）停止或倒回到最美的一幕，再将这一幕或这张图片处理成常规的尺寸，使之能装进一个小巧精美的相框里。仔细观察这张画，将它挂在你家里最漂亮的地方，再次仔细观察和品味它。

接下来请继续你的试验，再截取一幕对你来说不太舒服的画面（如果从 0 ～ 10 评分代表主观不适感，0 代表没有不适，10 代表非常不适。建议：此处画面带来的不适感至少应该为 4）。

看到这一幕，还是请你用手上的遥控器对它做一点调整，使得画面不那么流畅清晰，从而也就不那么使你感到难受（如快进、降低对比度，使之模糊，静音）。

请将让你不太舒服的那一幕再倒回到开始的地方，取出录像带，将它放进保险箱或其他不太妨碍你，但你又能拿到的地方。（如果是一个保险箱，就锁好箱门，使之不会弄丢，直到什么时候你想和我一起来看它们的时候为止。检查一下你的锁具是否完好，好好考虑你把钥匙藏在哪里，或者密码记好了没有。）

请你再次看一下刚才截取的最美的画面，仔细观察一下这张画，直到你能再次清晰地体验到这幅画所带来的积极情绪为止。

请你把这种良好的情绪保留一会儿，然后，再将注意力集中到这个房间里来。

第四节　安全岛技术

人在遭遇危机事件后，情绪上会有剧烈的波动起伏，通过想象安全岛，可以重建内心的安全感，并调节改善情绪。因此，想象的画面并不重要，想象中的体验才是最重要的。安全岛最重要的工作就是强化这种体验。

在你的内心深处，寻找一个令你感到绝对舒服和惬意的地方，它可以是真实存在于现实世界中的，也可以是你想象出来的地方。这个地方受到了良好的保护，有一个安全的边界。未经你的允许，其他人是不能进入这个地方的，这里只有你一个人可以来。当然，如果你感觉到很孤独，也可以找一些有用的、友好的物件或小动物带着。但是，不能是人，亲人朋友也不可以，因为只要涉及人与人之间的关系，就有可能产生压力感，而安全岛上是不应该有任何压力存在的，这里只有好的、保护性的、充满爱意的东西。

具体的引导词参考如下：

"现在，请你在内心世界里找一找，有没有一个安全的地方可以让你感受到绝对的安全和舒适。它可能存在于你的想象世界里，也可能就在你的附近，无论它在这个世界上或这个宇宙的什么地方。

你可以给这个地方设置一个界限，这里只属于你一个人，没有你的允许，谁也不能进来。如果你觉得孤单，可以带上友善的、可爱的东西来陪伴你、帮助你，但是真实的人不能被带到这里来。

别着急，慢慢考虑，找一找这个神奇、安全、惬意的地方，直到这个安全岛慢慢在自己的内心清晰、明确起来。

或许你看见某个画面，或许你感觉到了什么，或许你首先只是在想着这么一个地方让它出现，无论出现的是什么，就是它啦。"

如果在你寻找安全岛的过程中，出现了令你不舒服的画面或感受，别太在意这些，而是告诉自己，现在你只是想发现好的、愉快的画面，不舒服的感受可以等到下次再处理。现在，你只是想找一个尽是美好的、使你感到舒服的、有利于你恢复心情的地方。

你可以肯定，肯定有一个地方，你只要需要花一点时间、有一点耐心。

有时要找一个这样的安全岛还有些困难，因此为了找到和丰富你内心的安全岛，你可以利用你想的到的器具，如交通工具、日用工具、各种材料，一切有用的东西。

（在针对个别治疗时，心理咨询师会向来访者说："当你到达了自己内心的安全岛时，就请告诉我。如果你愿意，你可以向我描述这个地方的样子；如果你希望我对此一言不发，也没关系。"）

来访者描述其内心的活动过程中，心理咨询师会伴随其左右，通过多次提问而使其想象中的画面更加清晰起来。

"你的眼睛所看见的，让你感到舒服吗？如果是，就留在那里；如果不是，就变换一下，直到你的眼睛真的觉得很舒服为止。

温度是不是很适宜？如果是，那就这样；如果不是，就调整一下温度，直到你真觉得很舒服为止。

你能不能闻到什么气味？舒服吗？如果是，就保留原样；如果不是，就变换一下，直到你真觉得很舒服为止。

环顾一下四周，看看这个安全岛是否真得让你感到完全放松、绝对安全、非常惬意。

如果有哪里让你不舒服的话，你可以利用各种方法对其作出调整……看看这里是否还需要添加什么东西，才会让你感觉非常安全和舒适。

将你的小岛装备好了以后，请你仔细体会，你的身体在这样一个安全的地方都有哪些感受？你看见了什么？你听见了什么？你闻见了什么？你的皮肤感觉到了什么？你的肌肉有什么感觉？呼吸怎么样？腹部感觉怎么样？

　　请你尽量仔细地体会现在的感受，这样你就知道，在这个地方的感受是什么样的。

　　如果你在这个小岛上感到绝对的安全，就请你用自己的躯体设计一个特殊的姿势或动作。以后，只要你一摆出这个姿势或者一做这个动作，它就能帮你在想象中迅速地回到这个地方来，并且让你感觉到舒服。你可以握拳，或者将手摊开。这个动作可以设计成他人一看就明白的样子，也可以设计成只有你自己才明白的样子。

　　请你带着这个姿势或动作，全身心地体会一下，在这个安全岛的感受有多好。

　　撤掉你的这个动作，回到这个房间里来。"

如果有愿意搭档的朋友或伙伴，你们可以相互帮助，帮助对方构建自己的安全岛。你也可以请自己的好朋友、父母等可靠的人读引导语来帮助你构建自己的安全岛，也可以将这样的引导语用录音机或 MP3 之类的设备录制下来，然后放给自己听。如果你很认真、明确地完成了自己内在安全岛的构建，就可以在自己情绪状况不好时加以使用了。例如，当你感觉伤心、难过、愤怒、焦躁时，可以让自己进入内在的安全岛，从而重新获得愉悦、平静的心情。

第五节　保险箱技术

保险箱技术是稳定化技术中的一种，是靠想象方法来完成的。使用保险箱技术引导受助者将创伤后的各种反应"打包封存"，将它放进"保险箱"，暂时封存，待以后逐步处理，以减少当下创伤带给受助者的痛苦，从而帮助个体正常心理功能的恢复。这一技术不仅可以用于严重的心理创伤的处理，也能有效地处理我们平常一般的压力和情绪困扰。

保险箱技术的操作方法是让受助者为自己设计一个只属于其本人的"保险箱"，请受助者打开箱子并适时应用心理负担"物质化"的技术，让自己能不费力气地将所有给他带来压力的东西全部装进去、锁好门，将钥匙收好，再请其将保险箱放到一个他认为合适的地方，平时所有人都碰不到它（包括他自己），但当受助者愿意和专业心理人员一起来看里面的东西时能将其找出来，并可以再次对它进行处理。

（一）保险箱技术程序

在实施保险箱技术时，基本程序包括：①一般性准备，解释原理及操作步骤；②肌肉放松训练；③保险箱想象训练。值得注意的是，对保险箱、保险箱配置的锁及其钥匙的描述越详细越好，包括大小、形状、质地及颜色等。

（二）保险箱技术练习的过程和指导语

你可以先用3次深而稳的呼吸让自己放松和安静下来，然后跟随指导语进行练习。请想象在你面前有一个保险箱，或者某个类似的东西。现在请你仔细地看着这个保险箱：它有多大（多高、多宽、多厚）？它是用什么材料做的？它是什么颜色的（包括外面和里面）？它的壁有多厚？这个保险箱里面分了隔断还是没分？有没有抽屉？仔细观察这个保险箱的细节：箱门容易不容易打开？开关箱门时有没有声音？如果关保险箱门的话，操作是如何的？有没有钥匙？如果有钥匙的话，钥匙是怎样的？如果不是用钥匙的话，锁是怎样的？是密码锁吗？是按键的还是转盘的？甚至是遥控的，或者电脑操控的？当你看着这个保险箱，试着关一关，你觉得它是否绝对牢靠？如果不是，请你试着将它改装，加固到你觉得百分之百的牢靠。也许你可以检查一遍，看看你选择的材料是否合适、箱壁是否够结实、锁也足够牢靠……现在请你打开你的保险箱，将所有给你带来压力的东西，统统装进去。

　　有时将压力装进保险箱一点也不费事，有时则会感觉比较困难。你可能不知道如何将负面的感觉、可怕的画面等这样一些东西装进保险箱。所以，这时我们就需要用到心理负担"物质化"的技术，让自己能将那些东西不费力气地放进保险箱。①感觉（如对死亡的恐惧）及身体不适（如疼痛）：给这种感觉或身体不适设定一个外形（比如章鱼、巨人、乌云、火球等）尽量使之可以压缩，然后你可以将它们压缩到足够小，以便放进一个小盒子或其他的类似容器，再锁进保险箱；②念头：可以考虑在想象中，将某种念头写在一张纸条上，或为了保密安全，你可以用一种别人看不见的神奇墨水，必须要你用特制的显影药水才能让它显影被看见，然后将纸条放进一个信封封好，将其放入保险箱；③图片：将那幅代表心理负担的图片在想象中浮想出来，必要时可以将之缩小、去除颜色，使之泛黄等，然后装进信封之类的，再放进保险箱；④内在影片：将相关内容设想为一部电影录像带，必要时将之缩小、去除颜色、倒回开始的地方，再将磁带放进保险箱；⑤声音：想象将相关的声音录制在磁带上，将音量调低，倒回到开始的地方，再放进保险箱；⑥气味：

你可以想象将气味吸进一个瓶子,用软木塞塞好,再放入保险箱锁好;⑦味道:将让自己感到不适的味道转化为某种颜色或形状,尽可能将它缩小,然后再放进一个可以密封的罐子或一个装酱菜的玻璃瓶,放入保险箱内。

锁好保险箱门后,想想看,你想把钥匙藏在哪里?根据不同类型的锁,有些可以不用钥匙,如遥控锁等。找个安全的地方将它收藏好,不要将它随便扔掉或随意放置。请将保险箱放到你认为合适的地方,这个地方不应该太近,要在你力所能及的范围,尽量放得远一些,而且当你想去打开时,可以随时去。原则上,所有的地方都是可以的。例如,你可以将保险箱发射到某个陌生的星球上,或让它沉入海底等(注意:不应该将保险箱放在自己的治疗室里,也不应该将它们放在别人能找到的地方,如某位邻居家的后院里)。但有一点很重要,就是你事先要考虑清楚,你怎样才能再次找到自己的保险箱。如果愿意的话,你可以考虑动用力量或任何特殊的工具。如果你很认真、明确地构建了自己的"保险箱",你就可以在自己有巨大压力而感觉难以承受时加以使用了。你可以尝试将各种压力及痛苦的感受、情绪等装入自己的保险箱,让自己暂时封闭压力源,待自己状态较好时,再拿出来慢慢面对和处理。

第六节　放松技术

一、呼吸放松技术

呼吸放松就是学会在紧张、焦虑等情绪出现时,通过主动调节自己的呼吸,使身体得到放松,从而达到改善紧张、焦虑等情绪的目的。

1.准备动作　呼吸放松有3种准备姿势。①坐姿：坐在凳子或椅子上，身体挺拔，腹部微微收缩，背部靠椅背，双脚着地并与肩同宽，排除杂念，双目微闭；②卧姿：平躺在沙发上，双脚伸直并排，双手自然地伸直放在身体两侧，排除杂念，双目微闭；③站姿：站在地上，双脚与肩同宽，双手自然下垂，排除其他想法，双目微闭。

2.动作要领　第1步，将注意力集中在肚脐下方，也可以将手放在腹部以集中注意力；第2步，用鼻孔慢慢地吸气，将吸入的空气充满整个肺部，屏住呼吸几秒，以便氧气与血管里的"浊气"进行交换；第3步，用口慢慢呼出空气。重复数次，直到你有放松的感觉为止。放松训练可选择在睡前进行，这样能有效地放松身体并帮助睡眠。待熟练掌握此方法后，可以随时随地进行呼吸练习，尤其在焦躁不安时进行，可以让情绪尽快得到舒缓。

3.注意事项　吸气要深而饱满，也就是说吸气的量要尽量大，使自己的腹部有鼓胀感。呼吸的频率要缓慢、有节奏，无论此时你是站着、躺着还是坐着，都要尽量使自己有轻松、舒适感。每次呼气，可以在脑海中默念"放松"或"安静"，想象自己的身体正在放松，并且变得温暖、轻松。

下面介绍两种不同的呼吸练习。

（一）呼吸振作法

具体做法是：①将精神集中于鼻子，感受呼吸过程；②一边缓慢地通过鼻腔深吸一口长气，一边在心中慢慢地从1数到5(约5秒)；③屏住呼吸，从1数到5（约5秒）；④在5秒以后，缓慢地用鼻腔呼气，呼的时候，心中慢慢地从1数到5（约5秒）；⑤重复以上过程7次。

（二）腹式呼吸放松法

具体做法是：①练习时，可以采取坐姿、站姿或卧姿，眼睛可以睁着，也可以闭着，要尽可能让自己感觉舒适；②将意念集中于腹部（肚脐下 3 厘米到丹田区间），并将注意力集中在呼吸上，将一只手放在腹部，缓慢地通过鼻腔深吸一口长气，同时心中慢慢地从 1 数到 5（心中默念"1、2、3、4、5"）；③当你慢慢地深吸一口长气时，尽力扩充腹部，想象着一个气球正在充满空气，吸到位时，肺尖会充满空气；④屏住呼吸，从 1 数到 5（心中默念"1、2、3、4、5"）；⑤慢慢地通过鼻腔呼气（心中默念"1、2、3、4、5"）；呼气时要慢慢收缩腹部，想象着一只气球在放气；⑥重复以上过程 7 次。

二、肌肉渐进放松技术

肌肉渐进放松法是一种使肌肉松弛以达到放松目的的练习。通过肌肉的收紧及放松，使身体进入放松的状态，从而舒缓紧张的情绪。

1.条件要求　①环境：房间安静整洁，光线柔和，周围没有噪声；②声音：训练时，一般是心理咨询师用语言指示来访者放松，心理咨询师说话的声音一般是低沉、轻柔和舒缓的；③姿势：卧位、坐位、站位皆可，原则是只要自己感觉舒适即可。

2.准备工作　请准备一些轻松、缓慢、柔和的音乐，来访者在训练前可少量进食，但应排空大、小便，宽松衣带、鞋带和颈部的衣扣。坐在舒适的椅子上，头向后靠，双手放于椅子扶手上或自然下垂置于腿上，两腿随意叉开相距约半尺，整个身体保持舒适、自然的姿态。

3.操作步骤　肌肉渐进放松技术的指导语如下。

　　"我现在来教你如何使自己放松。为了做到这一点，我将让你先紧张，然后放松你身上的肌肉群。先紧张后放松的用意在于让你体验什么是放松的感觉。因为只有知道了什么是紧张的感觉，我们才能更容易体验出什么是放松的感觉，从而学会如何保持这种感觉。现在，我先让你体验一下肌肉紧张的感觉。"

　　请他人握住你的手腕。

　　"请用力弯曲你的前臂，与他人的拉力形成对抗；请用力收回你的前臂，同时体验肌肉紧张的感受。"（约持续10秒）

　　"好，请你放松，不再用力，尽量放松，体验感受上的差异。"（停顿5秒）

　　"这就是紧张放松的基本用意。下面我将让你逐个紧张和放松你身上的主要肌肉群，从放松双手开始，然后是双臂、脚、下肢，最后是头部和躯干。"（停一下）

　　"现在我请你……"

　　第1步："深深地吸进一口气，保持一会，保持一会。（约10秒）好，请慢慢地将气呼出来，慢慢地将气呼出来。（停一会）现在我们再做一次。请你深深地吸进一口气，保持一会，保持一会。（约10秒）好，请慢慢地把气呼出来，慢慢地把气呼出来。"（停一会）

　　第2步："现在，伸出你的前臂，攥紧拳头，用力攥紧，注意你手上的紧张感受。（约10秒）好，现在请放松，彻底地放松你的双手，体验放松后的感觉。你可能感到沉重、轻松或温暖。这些都是放松的标志，请你注意这些感受。（停一会）我们现在再做一次。"（同上）

第3步："现在，弯曲你的双臂，用力弯曲，紧张双臂的肌肉，保持一会，感受双臂肌肉的紧张。（约10秒）好，放松，彻底地放松你的双臂，体会放松后的感觉，注意这些感觉。（停一会）我们现在再做一次。"（同上）

第4步："现在，开始练习如何放松双脚。（停5秒）好，紧张你的双脚，用脚趾抓紧地面，用力抓紧，用力，保持一会。保持一会。（约10秒）好，放松。彻底地放松你的双脚。（停一会）我们现在再做一次。"（同上）

第5步："现在，我们放松小腿部位的肌肉。（停5秒）请你将脚尖用力向上翘，脚跟向下向后紧压地面，绷紧小腿上的肌肉，保持一会，保持一会。（约10秒）好，放松，彻底地放松。（停一会）我们再做一次。"（同上）

第6步："现在，请注意大腿肌肉。（停5秒）请用脚跟向前向下压紧地面，紧张大腿肌肉，保持一会，保持一会。（约10秒）好，放松，彻底地放松。（停一会）我们再做一次。"（同上）

第7步："现在，我们注意头部肌肉。（停5秒）请紧张额头的肌肉，皱紧额头，皱紧额头，保持一会，保持一会。（约10秒）好，放松，彻底地放松。（停一会）现在，请紧闭双眼，用力紧闭双眼，保持一会，保持一会。（约10秒）好，放松，彻底地放松。（停一会）现在，转动你的眼球，从上，到左，到下，到右，加快速度；好，现在朝相反的方向旋转你的眼球，加快速度；好，停下来，放松，彻底地放松。（停一会）现在，咬紧你的牙齿，用力咬紧，保持一会，保持一会。（约10秒）

好，放松，彻底地放松。（停一会）现在，用舌头顶住上腭，用力上顶，保持一会，保持一会。（约10秒）好，请放松，彻底地放松。（停一会）现在，请用力将头向后紧靠沙发，用力压紧，用力，保持一会，保持一会。（约10秒）好，放松，彻底地放松。（停一会）现在，收紧你的下巴，用力。保持一会，保持一会。（约10秒）好，放松，彻底地放松。（停一会）我们现在再做一遍。"（同上）

第8步："现在，请注意躯干上的肌肉群。（停5秒）好，请你往后扩展你的双肩，用力往后扩展，保持一会，保持一会。（约10秒）好，放松，彻底地放松。（停一会）我们再做一次。"（同上）

第9步："现在，向上提起你的双肩，尽量使双肩接近你的耳垂，用力上提双肩，保持一会，保持一会。（约10秒）好，放松，彻底地放松。（停一会）我们再做一次。"（同上）

第10步："现在，向内紧合你的双肩，用力紧合双肩。用力，保持一会，保持一会。（约10秒）好，放松，彻底地放松。（停一会）我们再做一次。"（同上）

第11步："现在，请抬起你的双腿，向上抬起双腿，弯曲你的腰，用力弯曲腰部，用力，保持一会，保持一会。（约10秒）好，放松，彻底地放松。（停一会）我们再做一次。"（同上）

第12步："现在，紧张臀部肌肉，上提会阴，用力上提，用力，保持一会，保持一会。（约10秒）好，放松，彻底地放松。（停一会）我们再做一次。"（同上）（休息2分钟）再从头做一遍。

结束放松："这就是整个放松过程。现在，感受你身上的肌肉群，从下，向上，使每一组肌肉群都处于放松状态。首先，（慢）你的脚趾，你的脚，你的小腿，你的大腿，你的臀部，你的腰部，你的胸部，你的双手，你的双臂，你的脖子，你的下巴，你的眼睛，最后，你的额头，全部处于放松状态。"（约10秒）"请注意放松时温暖、愉快的感觉，请将这种状态保持一两分钟。然后，我将从'1'数到'5'，当我数到'5'时，请你睁开眼睛，你感到平静安详，精神焕发。1.感到平静；2.感到非常的平静安详；3.感到精神焕发；4.感到非常的精神焕发；5.请睁开眼睛。"

肌肉渐进放松训练应注意以下两点：

1）放松的环境一定要安静、温暖、舒适，避免受到外界的干扰。

2）训练过程中请来访者注意自己的感受。每日练习1～2次，每次15分钟左右。一般情况下前几次放松训练并不能使肌肉很快进入到深度放松状态中，只有继续坚持下去，才会有效果。

第七节　暗示催眠技术

面对突发的公共卫生事件，人们承受了巨大的压力。临床催眠及自我催眠暗示作为一种重要的心理干预方法，已被证明能有效缓解身心压力，增进积极情绪和躯体放松，调动个体的心理资源，从而起到压力管理和提升心理韧性的作用。

一、催眠的基本理论与方法

（一）催眠的概念

催眠是指受试者通过催眠师或者自己在一定的诱导或暗示下进入一种高度可被暗示的意识状态。催眠状态是一种知觉窄化聚焦的状态，不同于睡眠，也不同于觉醒，是一种特殊的恍惚状态，在此状态中被催眠者的身体特别放松，内心非常宁静，意识比较清晰，甚至比平时更清晰，但它并不是睡眠状态，而是一个人完全专注并能达到某种目标的状态。在此状态下，意识和潜意识之间搭起一座桥梁，可以让人在意识清醒状态下与潜意识沟通，引导人进入专注和觉知的状态，能够调动潜意识，从而进行内在的探索及身心调适。

暗示在日常生活中随处可见，人们经常会为了某种目的，通过语言、手势、表情、行动，或者某种符号，用含蓄的、间接的方式使他人接受所示意的观点意见，或者按照所示意的方式行动。心理咨询师也会经常使用暗示来对来访者的一些心理困扰进行干预。消极负面的心理暗示可能会破坏机体的生理功能，扰乱人的心理和行为。而正向积极的心理暗示能纠正被扰乱、被破坏的心理行为，并且改善机体的生理功能。

（二）催眠的方法

1.催眠技术的五大要素　专注、放松、深呼吸、想象、暗示。

2.催眠的五个步骤　询问解疑、诱导过程、深化过程、植入暗示、解除催眠。时间设置一般是 2 小时。

3.催眠诱导的技巧　有三大技巧：一是渐进性肌肉放松，从头到脚；二是原点凝视法；三是数数法，从 1 数到 10 或 20。根据情况不等，还有其他的催眠引导。经典引导方法包括数数法、手臂下降法和下楼梯法。其中，下楼梯法是一个催眠深化的过程，能使来访者进入更深的催眠。

解除催眠的技巧大多是数数法，可以从5数到1，或从3数到1受试者就会清醒过来。如3越来越清醒，2更加清醒了，1完全清醒过来，有时还可以配合打个响指。

（三）催眠在实际工作中的应用

以下唤醒内在生命力的催眠引导语可以降低人们的心理应激，激活个人心理资源，提升心理韧性。

"亲爱的朋友，如果你愿意，我想邀请你，在相对短的时间内为自己做一个促进深度休息的练习。现在请你在一个相对安静、舒适的地方坐下，如果你愿意，可以闭上你的眼睛，以自己的方式和节奏给自己做几个慢而深的呼吸。如果你愿意，可以感觉一下自己，也许有一部分的你会听到外面传来一些声音，但是另外一部分的你，也许愿意去体会一下，从头到脚，逐渐放松，是怎样的一种感觉。

随着每一次的呼气、吐气，头部在放松，颈部在放松，双肩在放松，双臂在放松，前胸和腹部在放松，后背和腰部在放松，双腿和双脚在放松。

人的意识非常聪明，可以在同一时间专心致志地做好一件事情，而我们的无意识却更加智慧，可以在同一时间里同时做很多事情。你一定知道，人和动物都有着天然的、让自己放松的能力。当然也有着天然的、让自己紧张的能力，还有变通的能力，在放松中有一点儿小紧张，或者，在紧张中有一点儿小放松……或者，一部分的你，在警觉着外界的指令，而另一部分的你，与此同时，却可以享受着这种舒服的放松，伴随着这种放松的感觉，也许你会感觉到两只脚踩在地板上，大地给你的坚实的、支撑的感觉，也许你会感觉到，你所坐的椅子或者地板给你的稳稳的、支持的感觉……"

"带着这种稳稳的、坚实的、支撑的感觉，自己做几个慢而深的呼吸，深深地吸气，吐气……对！就这样，氧气顺着鼻腔、气管、支气管、细支气管，一直到达肺泡，肺泡里的氧气通过血液循环输送到全身，一直到达身体的各个部位。身体的每一个细胞，都因为这些氧气的到来而变得晶莹、饱满、润泽……每一次吐气，会将细胞里的疲劳、紧张通过血液循环带出体外。有的时候，在很长很长的一段时间里，我们却感觉很短很短，而另外一些时候，在很短很短的时间里面，我们却感觉很长很长……就好像，有的时候，我们在很长很长的睡眠中，感觉睡得很浅很浅，而另外一些时候，我们又会在很短很短的时间里面，感觉睡得很深很深……"

"一部分的你也许在跟随我的声音，而另外一部分的你也许在跟随你的思绪飘向这儿，或者飘向那儿，也许飘向了你熟悉的床，那张你最最熟悉的床，你常常躺在上面、舒服地睡觉的床，那张床的样子，熟悉的床单和枕头的样子，床单和枕头的颜色、图案，它们的气味儿，它们摸上去的感觉，你躺在上面睡觉时惯常用的姿势……

一部分的你似乎已经躺在了这张床上，我想邀请你，在你内心开始一段旅程，去往一个你内心最核心的所在，一个非常安静、安全，非常宁静、平静的地方，当你已经到达了那个地方，你就能够感觉到你找到了自己最核心的部分……我会将这部分的你叫作你的内在生命力。这部分的你，或许在受精卵形成的那一刻起，便已经在那里了，这一部分的你，始终都和你在一起，包括在子宫里它帮助你——完成了复杂的生长过程。在你出生的那一段短短的时间里，它帮助你完成了许多复杂的任务，来到了这个世界上。在你长大的过程中，在过去的岁月里，它曾经无数次地帮助过你，帮助你克服了许许多多的困境，如焦虑烦躁、悲伤失望、疾病伤痛、孤独绝望、无能感等。它一直在你内在的那个地方，默默地守护着你、帮助着你，尽管有的时候，你很难意识到它的存在。它有的时候，会带给你异乎寻常的顽强、坚持、勇敢的力量，有的时候又是爱与温和、稳定的力量，有的时候是充满灵动、变通的智慧，还有的时候是冷静、冷静、再冷静的智慧。需要的时候它会调动你全身所有的能量来应对挑战，但是一旦允许，它又能尽可能地休息、迅速恢复能量……"

"正是这一部分的你，你的内在生命力，给予了你心理上和身体上巨大的生存智慧与力量，帮助你度过一道道坎儿，活了下来。也许它起源更早，地球有 40 多亿年的历史，30 多亿年前地球上就有了生命。人类基因不断演化的历史，就是将生命力的智慧与力量不断传下去的历史，它就在你的骨骼里、血液里，就在你的每一个细胞里。同样，就是现在、此时此刻，它依然在守护着你、帮助着你，帮助你克服目前面临的困境，无论这个困境是什么。或许，你想在你的内心世界里花一些时间，去好好感觉一下这一部分的你，不断地给你的心理、身体默默地输送力量与智慧的你的内在生命力。你或许会回想起，在过去的岁月里，有些时刻、有些场景，你能够深切地感受到你的内在生命力的存在。在那个场景里，都有哪些人，发生了些什么事儿，也许会有一些画面浮现出来，也许还会听到一些声音……在那个场景里面，你看起来是怎样的？你说了什么？或者做了什么？或者什么也没说……什么也没做……你是如何克服困境的……也许你会产生一些想法、情绪感受，伴随着一些身体上的感觉……你在与你的内在生命力深切地接触着……"

"下面我想邀请你，为你的内在生命力找到一个象征。有的人会用一幅关于自己的画面来象征自己的内在生命力，他看上去充满自信，或者笃定；有的人会用一棵枝叶繁茂的大树来象征自己的内在生命力；还有的人用具有顽强生命力，即使在沙漠也能存活的荆棘来象征自己的生命力；也有的人用位于下腹部的、一个充满光芒的球，或者一个古老的、与地球同龄的黑色的石块来象征自己的内在生命力。或者，你的内在生命力，可能是你的某种感受，如你身体里的一种饱满的感觉，或者也许仅仅是某种想法、几个字，如"没什么大不了的"。你找到你内在生命力的象征了吗？从今天开始，在未来的几天和几个月里，以及更远的将来，每当你想要触碰你的内在生命力的时候，你就会发现，无论何时、何地，任何情况下，你都能更轻松地感觉到它，你需要做的只是在你内心的世界里，花一点时间，闭上你的眼睛，做几个慢而深的呼吸，唤回有关你内在生命力的那个画面，或者那个象征物，并且提醒自己，你在内心

3. 帮助我们解决心理冲突，治疗身心疾病　催眠技术与精神分析、认知行为治疗、完形治疗、家庭治疗等各种心理治疗的理论及技术相结合，可以对焦虑症、强迫症、恐惧症等各种心理障碍及睡眠障碍、紧张性头痛等各种身心疾病起到很好的治疗效果。

4. 帮助我们增强记忆力，提高学习和工作效率　α 波为优势脑波时，脑部所获得的能量较高，运作更加顺畅、直觉更加敏锐，是人们学习与思考的最佳脑波状态。正确使用催眠技术，使人们进入到以 α 波为优势脑波的状态，可以获得更好的学习效果与工作绩效。

5. 帮助我们戒除不良嗜好，纠正不恰当的行为习惯，提高生活质量　自我催眠可以使用正面积极的暗示，帮助我们戒除吸烟、饮酒等不良嗜好；也可以纠正暴饮暴食、不恰当的饮食偏好，从而提高我们的生活质量。

尽管自我催眠有着广泛的适用范围，但是就像世界上的其他技术手段一样，自我催眠既有其科学性和有效性，也有它的局限性。

（三）自我催眠的方法

放松指导语　放松是最基本的催眠治疗，目的是让我们从紧张焦虑的情绪中平息下来，暂时离开现实环境而进入一种虚幻的情境中，并充分享受那种情景所带来的愉悦和惬意，进而使自己的身心侵淫在那种松弛的状态中，充分体验放松带来的感觉，这时的我们已经进入到浅层睡眠状态，并接近潜意识。我们的感觉是一种酥软惬意，仿佛千斤重担瞬间卸掉，也有一种被洗涤后的通透感，我们会物我两忘心驰神往，甚至有回到童年重塑人生的感受，有的人会情不自禁地微笑，有的人会流下感受复杂的眼泪。通过放松体验，我们会不同程度地摆脱掉焦虑的困扰，有的人甚至会迅速觉醒，意识到自身存在的问题并主动改变。

1）躯体放松术。

　　"请你找一个最舒适的姿势坐好（躺好），请闭上眼睛，做3个舒缓的均匀的深呼吸……好，现在请你体验一下这种感受，有一股中等强度的电流正在接触你头顶部位的皮肤，你的头皮有种麻酥酥的被电流触及的感觉，这股电流将随着我的指令慢慢往下传导、慢慢往下传导……好，现在这股电流到了你的额头，你感觉有一种从未有过的舒适感，感觉额头很放松很放松……好，感觉一下这股电流到了你的后脑部位，后脑立刻很松弛很松弛……电流到了你的眼睛，眼睛在电流的刺激下不再鼓胀干涩，体验一下眼睛的放松……电流传导到鼻子，鼻腔瞬间顺畅通透，非常非常地放松……电流到了嘴巴，嘴巴也变得非常松弛，你会情不自禁地露出微笑……电流来到下巴，下巴也变得非常放松……电流来到脖颈，你僵硬的脖子立刻变得松弛瘫软，彻底放松……电流来到你的双肩部位，在你的两个肩头旋转盘桓着，你感觉压在你肩头的千斤重担忽然滑落下去，双肩立刻变得无比轻松了……电流来到你的前胸和后背，电流穿透你的胸腔，感觉你的胸腔不再那样憋闷了……电流下行到你的腹部和腰部，电流在你的腹腔内高速传导，使你所有的脏器都顺畅起来，你僵硬的麻木的腰有了热乎乎的感觉……电流下行到你的生殖器部位，感觉这个部位也舒适放松下来……电流传导至你的臀部和大腿部位，感觉你的臀部和大腿的每块肌肉都分离开，彻底地松弛下来……电流来到你的膝盖，电流在你的膝盖部位快速旋转，你会感觉到膝盖立刻变得热乎起来……电流下行至你的小腿，小腿肚子上的肌肉变得松弛下来……电流来到你的脚踝、脚掌、脚心、脚趾，感觉你的两只脚立刻变得麻酥酥地松弛下来。这时，这股中等强度的电流已经在你的全身各个部位传导，你的身体和大地形成了一个闭合电路，电流通过你身体的每一寸肌肤、每一块肌肉、每一块骨节、每一根神经、每一条血管、每一个细胞，现在你的全身都彻底地酥软放松了，彻底彻底地放松了，放松了。好好体验这种婴儿熟睡般的感觉吧……"

2）心灵净化术。

"请你找一个最舒适的姿势坐好（躺好），做 3 个均匀的舒缓的深呼吸，让自己的全身彻底放松下来，从头到脚的每一个地方都放松下来。现在请你想象这样一个情景，你正坐在一辆红色的跑车上面，这辆跑车正行驶在辽阔高原上的一条笔直的马路上，天是蓝色的、云是白色的、山是红色的、路是青色的、风是凉爽的，慢慢地你从座位上站了起来，你仰起头张开双臂，拥抱这美丽的大自然，渐渐地，你的双臂变成了两只洁白的翅膀，你慢慢地脱离跑车，轻轻地飞了起来，你越飞越高越飞越高，不一会儿你已经飞翔在辽阔的蓝天之上，轻柔的风从你的肩头掠过，白云就漂浮在你的身边，你往身下看，宽阔的大地就在你下面，翠绿的山林，雄伟的高山，清澈的河流，安静的村庄，都慢慢地往后面移动，现在请你抖动一下翅膀，你的烦恼和忧伤随着翅膀的抖动一点点滑落到空气中，请你再抖动一下翅膀，困扰你的更深层次的伤感随着翅膀的抖动也滑落到空气中……请你感觉一下你的身体，在洁净的天空中变成了透明，你即将融化在天空中，与美丽的大自然融为一体，体验一下空灵的感觉吧……（停顿10秒）"

"现在你飞翔在故乡的上空，俯瞰到了小时候生长的村庄，村庄的前面有一湾碧绿的池塘，有盛开的荷叶和洁白的荷花，在池塘的边上，有一个小孩，那个小孩就是你，你穿着小时候的衣服，正蹲在水边放一只小小的纸船，请你注视着你的脸，看看你的眼睛、鼻子、嘴巴和脸庞，那就是童年的你，纯洁、干净、恬淡、自然，你无忧无虑地享受着荷塘的时光，多想回到那个时候啊……

你飞呀飞呀，不断抖动着你洁白的翅膀，你所有的烦恼和恐惧都已经无影无踪了，你飞呀飞呀，尽情享受蓝天白云的恩赐吧……

或许你也累了，那就请你慢慢地飞回地面，追上刚才的那辆红色的跑车，现在你已经站在了车厢上面，慢慢地将你的翅膀变成你的双臂，但你依旧高昂头颅展开双臂，去拥抱美丽的自然！请你做三个舒缓的深呼吸，慢慢飞回到现实中。"

3）"自卑问题"的认知调整。

自卑问题的实质是"对比落差"的感知过敏，自卑的人习惯于用攀比的眼光审视问题，于是往往能找到攀比的"对象"，这个对象往往是一个具象的人，如女生嫌弃自己不漂亮，一定是在心里有一个对比的人。再如，一个学生嫌弃自己笨，也一定有一个对比的人或群体。于是，心理咨询师的工作重点就是要帮他（她）找到那个攀比的对象，在催眠状态中列举出双方的优缺点一一抵消，帮助他（她）降低感知度，重新树立信心。

"请你找一个最舒服的姿势坐好，把所有的注意力都集中在我的每一句话上。你感到自卑，一定是有一个对比着的人，对吗？现在我请你将那几位能对你形成压力的人排成一行，就站在离你五米远的地方，你能做到吗？……很好，那么现在我请你将他们重新排排队，根据对你压力的大小等级排成一队，能做到吗？……很好，现在你逐一地将后面那些人去掉，不着急，慢慢地选择一下，最后剩下那个给你造成最大压力的人，你选出来了吗？……很好，我现在请你将这个人的优点一一列出来，记在你的心里，他有什么优点？哪些是最突出的，是你最不可及的？哪些是一般的，是常人都能具备的？……不着急，你慢慢地过滤一遍，将他那个最最突出的优点写在一块牌子上，让他自己举过头顶，你能做到吗？……很好，现在请你再将他的缺点一一列出来记在心里，哪些缺点是你最最鄙视的，哪些缺点是常人也具备的？不着急，慢慢地选择过滤一下，然后将那个最让你鄙视的缺点也写在牌子上，让他用另一只手举过头顶，现在给你压力最大的那个人举着两块牌子站在你的面前，你仔细审视一下他的面部表情，他的躯体动作，是不是很滑稽呢？……很好，那么现在我请你将自己的优点也写在一块牌子上，我发现你长得很精神很干练，也很有智慧，很诚实，很大度，对吗？不着急，慢慢地思考，然后写在一块牌子上，你能做到吗？……很好，现在请你站在那个人的对面，在心里默默地对他说，你有优点，但是我也有优点，我的优点和你的优点比起来，除了那么几个天生的条件外，也毫不逊色，你有什么了不起的，只要我努力，一定会有很多的优点超过你，而且，你的缺点也不少，只是平时我忽略了，现在我就开始努力，把我的优点都发挥出来，我们就可能不分上下了！……很好，现在你是不是感觉到对面那个人不再那样高大了？是不是变得很畏缩了？很好，现在请你走过去，将对方那块写满优点的牌子拿过来，和自己的那块牌子合二为一，对自己说，这些优点将来我都会具备的，只要我努力！你做到了吗？……很好，现在再请你审视一下对面这个人，他举着剩下的写满缺点的牌子站在那里，略显孤单落寞，因为他也有缺点，有时也很自卑，他的自强也许是掩盖自身的不足罢了，你走过去，与这个孤单落寞的人握握手，你也可以拥抱他一下，你能做到吗？……很好，现在请你将他送走吧，你要注视着他孤单落寞的背影，你想对他说句什么话就在心里说吧。"

第八节　绘画心理技术

绘画心理技术作为心理投射的一种技术，它是表达自我的一种工具。相对于其他危机干预方法来说，绘画心理技术在评估和处理个体创伤体验上有其独特的优势。它运用非语言的象征方式帮助危机中的个体表达出潜意识中的内容，使得平时隐藏的恐慌、悲伤、愤怒等毁灭性的情感能量，在一个安全、不受威胁的环境中得以恰当释放，平安度过心理危机。"绘画的过程同时也是治疗的过程，通过绘画这种艺术创作，那些破坏性的力量得以升华，进而转为建设性的力量来帮助画者"。研究证明，绘画疗法对于情感冲突、创伤、丧失有很好的疗效，还可以促进自我的完善和社会功能的提高。

绘画心理技术在危机干预中应用的方式灵活多样，既适用于个体心理危机干预，也适用于团体心理危机干预。

一、绘画心理技术在个体心理危机干预中的应用

（一）重大灾难性事件——汶川地震

在汶川地震发生3周年后，心理救援工作者采用绘画心理技术对100多名受灾学生的心理状况和创伤体验进行了解、分析和治疗。此次的绘画主题自定，但要求绘画作品中尽量要包含有房、树、人、天空、山、河、石头、桥这八大要素，其余可以任意添加。其中房、树、人是投射测验中常用的三要素，其他五个要素是根据与受灾师生交流时了解到的情况而设定的特殊要素。通过绘画，帮助师生释放了灾难带来的负性情绪。

（二）"四格图蝴蝶拍"绘画心理技术

蝴蝶拍，也称为蝴蝶拥抱，是 Lucina Artigas 发明的，广泛用于各种心理支持疗法中，让来访者感受到来自母亲般的温暖和支持。"四格图蝴蝶拍"是将蝴蝶拍和绘画结合起来处理心理创伤的一种技术。在运用过程中，带领者只是引导人，真正起作用的是来访者自己。

"四格图蝴蝶拍"操作流程

第1步：A4纸多张，先取出一张叠成四格。

第2步：左上格子画出自己的资源，资源一定要画得充分一些，这些资源可以让来访者感受到内在力量和外部支持，足以克服来访者要解决的问题。

第3步：右上格子画出需要处理的问题或创伤。然后对来访者要处理的情绪进行评分，0～10分，这件事情对来访者没有干扰为0分，干扰最高为10分，看这件事给来访者带来的困扰是几分，记

在画创伤图的格中。

第 4 步：来访者看着创伤图，两臂交叉快速蝴蝶拍，直到图像发生了变化再停止，然后将变化了的创伤图画在左下格子里。继续再拍，再出现变化画到右下格子里。一张纸不够再添加新的纸，一般两张纸就足够。

第 5 步：当看到画面一致呈现时，看困扰是否为 0 分。0 分就结束，如果不是 0 分可继续来回切换着看资源画面及创伤画面，直到 0 分为止，也可以根据实际情况拍到画者觉得可以停的时候便结束。

第 6 步：如果还剩下 1 ~ 2 分，长时间达不到 0 分，可以问一下是否有其他的原因，如是否亲人离世。

"四格图蝴蝶拍"格式如下：

来访者内在资源、外部资源	需要处理的问题、创伤
第一幅变化图	第二幅变化图

二、绘画心理技术在团体心理危机干预中的应用

由于并非所有的求助者都可用语言来清楚地说出自己的想法，尤其对于儿童更是难上加难。我国台湾的赖念华教授参照保罗·约瑟夫·道林（1997）发表出的"艺术治疗方案"（art therapy project）为方案基础，依照东方人特质、本土文化逐一修改成现有的"画说灾难——非语言式减压团体方案"。本方案运用在团体减压中，以帮助成员在危机事件后得以抒发与表达其内在的情绪和感受。

（一）目的

透过"绘画也是一种叙说"的原理，来协助愿意以艺术方式来表达，或是无法用语言表达或不愿意表达故事的来访者，他们可以透过绘画模式来叙说危机产生后的内在状态。绘画的目的并不是给

来访者做艺术治疗，而是帮助成员缓解事件对他的冲击，而团队带领者可以应用重新整合技巧，来帮助他们转化强大的压力，进入心理重建。

（二）结构

1. 进行时机　危机事件发生后的 1～7 天内，72 小时内尤佳。

2. 进行方式　有标准程序，有结构性的小团体。

3. 进行场地　以不受干扰、有桌椅，并备有黑板的会议室为宜。

4. 时间　1.5～3 小时。

5. 人数　每个团体人数 8～12 人为佳，需要助手协助做评估工作。

6. 艺术媒材　蜡笔或是马克笔（至少要有 6 个颜色），每人有六张 A4 大的白纸。

（三）步骤

"介绍"阶段包括几个方面。①发放艺术媒材：每人一份彩笔（蜡笔）、6 张 A4 白纸；②由主持人介绍自己及助手；③说明减压团体的目的（如帮助成员缓解压力，不是调查会）及过程；④建立基本规则，如人人平等、互相保密、成员请勿记笔记等；⑤初始评估：请每一个成员选一个颜色代表此事件，将此颜色放置在画纸的一个位置，由此了解此事件对参与者的影响程度或关系程度。最后，成员介绍自己姓名。接下来，开始进行六张作品的涂鸦与分享。

1. 非惯用手涂鸦

1）邀请成员拿出第 1 张白纸。

2）用非惯用手在白纸上涂鸦，用刚才所选的颜色在纸上乱涂。

3）用非惯用手涂鸦，可以减低成员对创作好坏的焦虑。然而，涂鸦是最简单的方式，它无关乎任何绘画的技巧，同时可以突破好坏美丑的概念，涂鸦会唤起人们早期涂鸦的经验与记忆，这是鼓励成员直接去"做画"，来代替去"想"的暖身活动，帮助成员将自己最原始、抽象的图样呈现出来。

2.惯用手涂鸦

1）邀请成员拿出第2张白纸。

2）再选另一种颜色。

3）用惯用手在白纸上涂鸦。

4）邀请成员同时呈现第1张及第2张图画的面貌与形式，只做作品的"视觉分享"，可以观察自己左右手的涂鸦形式，以及自己与他人的相似、相异。

评估：观察成员在这两张作品的创作方式及时间，以及是否有成员在这阶段需要耗费许多的时间浓密涂鸦，甚至想平涂或无法停止的状态；主持人可由此评估成员心理反应状态。

3.线条

1）邀请成员拿出第3张白纸。

2）主持人先以行动的方式来示范"何谓线条"。

接下来的引导，以"中性情绪"为开始，以"正向、有能量的情绪"结束为原则，下列线条引导语供参考。

①请选出一种颜色来代表并画出"早上不想起床，赖床的线"。

②请选出一种颜色来代表并画出"生气的线"（愤怒、可恶、不公平）。

③请选出一种颜色来代表并画出"倒霉的线"（伤心、痛苦、悲伤）。

④请选出一种颜色来代表并画出"平静的线"。

3）主持人依序请成员指出自己画出的每一条线，邀请成员观察自己与他人对于相同情绪使用的线条、色彩的表达方式有何相同或相异。

绘画中，"线条"是有开始和结束的涂鸦，线条是有意图性、方向性，同时也会有终点的，比涂鸦需要更多的控制力。

4. 图形

1）邀请成员拿出第 4 张白纸。

2）主持人先以行动的方式来示范"何谓图形"。

图形是从一条线发展到一个图形，是将线的开端与结尾相连就会成为图形。下列图形引导语供参考。

①请选出一种颜色，画"××（危机事件）的图形"。

②请选出一种颜色，画"在 ××（危机事件）中，有一些令你感到安心、舒服的图形"。

③请选出一种颜色，画"在 ××（危机事件）中，最糟糕状态的图形"。

④请选出一种颜色，画"如果我早知道会面对 ××（危机事件）的图形，会是如何"。

3）如果成员对这次危机事件感到很抽离，则可邀请成员将每个图形着色，着色可以建构一个对此事件的想象或是故事，但切记，当有成员情绪过于强烈时，则切勿邀请成员将图形着色。

"图形"是从一条线发展出来的，比线条更有控制性，因为将线的开端与结尾相连时就会成为图形。图形可以让成员开始呈现想法，并可以将图形意义化。本阶段"最糟糕状态"的图形，是会引发具有影响、震撼情绪的图形。如果反应过于强烈，则勿着色，以免过度引发成员情绪。

5. 危机事件图像

1）邀请成员拿出第 5 张白纸。

2）主持人："想到 ××（危机事件）时，如果你可以用色彩、线条、图形来呈现，它可以是具象的图画，也可以是抽象的图画，只要你自己知道你所呈现的是什么即可，请将你感受到的所有都用图像的方式来呈现在第 5 张白纸上，我们有 12 分钟时间创作，在这一过程中请勿与人交谈。"成员正式进入画危机事件图像，12 分钟创作，可唤起成员危机当下的经验和感受。

3）创作完，做视觉化的冥想。主持人可说："让自己在心里面先想象，环顾刚刚画的作品的每一个部分，它让你想起了什么？图上的象征性意义是什么？"

4）以"看图说话"方式来做小组分享与讨论。如果有些成员难以表达画中特殊部分，可以用下列问句做引导。

①这里发生了什么？

②那是什么？

③那是谁？

④怎么会在那儿呢？

⑤你在图画中的哪个地方？

注意：提问不用"为什么"（why）？而是以"什么"（what）、"谁"（who）、"如何"（how）、"哪里"（where）、"何时"（when）来提问。

5）主持人在进行成员分享时，要将成员在危机事件中的状态给予"正常化"，同时将危机事件赋予新的意义（reframing），帮助成员转化当下的情绪，发现意义。平常是以讨论的方式进行危机事件的述说与减压，但此方案强调先不说，而是将它"画"在纸上。这部分也是整个绘图减压的重点。因此，主持人若可在此处给予转化的回应，能加倍提升绘图的意义与效果。但也需要再次提醒主持人，此方案所做的是危机减压,它属于"心理教育模式"而非心理咨询。因此,主持人在带领时仅做共情后的意义转化,而不做深层探问的工作。

6.心理重建 最后作品是预备出航,准备重新出发。

1)请成员拿出第6张白纸。

2)主持人邀请成员冥想,"如果现在有智慧老人出现(可以改为该年纪适用的代称,如仙女棒、小叮当等),使我可以拥有更多的能力和智慧,通过这次的经验我可以有更多的准备时,万一下次我们又遇到相似的××(危机事件)发生时,我会如何来面对,请你用色彩、线条、图形来呈现,它可以是具象的图画,也可以是抽象的图画,只要你自己知道你所呈现的是什么即可。有8分钟的时间可以创作,请你创作时不要跟人交谈。"

3)成员创作当"自己有更多知识、智慧时,面对此危机事件"的图像。

4)团体分享与讨论,可依照下列原则。

①将5和6两张作品放置左右,请成员在两张图画中找出不同的部分。

②进一步邀请成员分享自己在这次危机事件中已经学到的一些正向经验及自我欣赏的部分。

③当成员无法自行找到,主持人需要通过成员作品及分享内容,对危机事件再次重新整合并做意义的转化。

7.后续说明

1)主持人再次提醒危机事件发生后,成员可能会出现的生理、情绪、想法、行为反应,需要将之"正常化"。

2)来访者若发现自己一直处在上述状态,且持续3个星期到1

个月时，告诉自己应寻求进一步的帮助，主持人在此告知相关求助机构及电话。

3）成员的作品依照成员的期待进行处理，可以问成员期待处理的方式。①作品张贴起来，可以强化自我经验；②作品带回家（班级）与家人（同学）分享；③将作品留下请主持人处理；④自行将作品处理掉（撕掉、丢掉）。总之，尊重成员的选择，就是最好的选择，因为所有的选择对成员都具有象征性的意义。

8. 后续筛选　后续主持人可筛选需要进一步帮助的成员。①拒绝参加活动，无法创作者；②过程中有高度的焦虑者；③创作、分享时，情绪无法停止者；④具有特殊反应者。可以对这些成员做进一步了解，并协助转介专业机构，做个别危机处置安排。

第九节　外化技术

外化技术是叙事治疗的技术之一。叙事治疗是指心理咨询师通过倾听来访者的故事，运用适当的方法，帮助来访者找出遗漏片段，使问题外化，从而引导其重构积极故事，以唤起其发生改变的内在力量的过程。

叙事治疗以"叙事"为隐喻，将人们经历的各种生活经验看作故事。因此"叙事"即讲故事，通常人们以第一人称讲述自己的生命故事，按照一定的时间顺序有选择性地选取自己生命故事的片段，其中包括自己的过去、当下的生活、不同社会情境下扮演的角色及与他人的关系和未来的情景等。而叙说的故事决定着我们如何理解世界、选择生活方式、形成自我认同等。通常，来访者呈现的生命故事是混乱、痛苦的，因为来访者会选取充满问题的故事视作生命的全部，而忽略其他一些有意义的经历或故事。

一、外化概述

（一）外化的理论假设

现实中，问题形成的过程就是来访者将问题内化为自己的一部分，进而对自己产生消极的自我认同。例如，一个在公共场合容易紧张的人，可能会因此认为"我就是一个懦弱的人"。当自己与问题纠缠在一起时，人是很难摆脱这种束缚的。认为问题是内在的，自己就是问题，这样的想法会限制来访者解决问题的方式，只感到痛苦而无力做出改变。如果人本身就是问题，又如何有力量去改变呢？因而这种将问题归因于自己内在属性的界定会大大削弱来访者改变的动力。

传统观念将人看作问题，而外化认为人不等于问题。外化技术基于这样的理论观点：人不是问题，问题才是问题，人与问题是分开的。我们常说："当局者迷，旁观者清。"外化让来访者从问题中跳出来，就像一个人被湍急的河流裹挟着不断向前时，他就很难想出办法将自己救出去。但如果他可以慢慢地游到河边，拉开了一定距离，重新再去看河水，再去看问题时，就能更加客观地重新看待问题，重新看到自己的能力，进而多种可能性和多种选择性也许就会出现。比如，认为一个人抑郁和认为一个人的生活被抑郁所干扰是完全不同的视角，后者打破了来访者无助、自责的状态，帮助来访者将自己和问题分开，自己不再是问题，进而发现自身的力量，开始探索如何处理自身与抑郁的关系。

此外，问题之所以成为困扰来访者的问题，其实也反映了来访者内在的力量和价值观。就像因为看到疫情相关的新闻而产生的恐惧情绪可能是对生命的敬畏，隔离时感到的无聊也许反映了对于有意义的生活的向往。应该从一些消极负面的信息中看到正向积极的部分。

（二）外化的作用

1.减少病耻感　对于很多人来说，心理问题是一个非常大的心理负担，这其实是双重压力。第一层是心理问题带来的压力；第二层则是因为有心理问题而带来的压力。感到对自己的问题难以启齿，觉得自己不应该这样，会显得自己就是个不正常的人。这个时候，人和问题不能分开，人就在承担着某种"必然"的责任。如果来访者认为自己就是这个问题，那么当心理咨询师在谈论这个问题的时候，来访者可能会觉得这种谈论是在指责他这个人本身，产生强烈的羞耻感，甚至采取自我防御机制。但将问题外化后，来访者会感到问题其实不是他这个人，问题只是目前伴随并影响着他，或者是他生命中的一个片段和插曲，问题之所以带来困扰正反映了他的目标和愿望，有了这样的认知之后，再进行后续的工作也许会比较顺利。

2.增强主动性　来访者在面对问题时，常因尝试努力解决问题后依然失败而感受到挫败、无力，加固了看似必然的负面事实。而外化技术将人和问题分开，解除了来访者原先消极的自我认同的定论，开启一种新的可能，提供一个新的方向，来访者重新掌控自己的主动性，运用自己的力量。外化将自我认同与问题区分开，并不是让个体对自己的行为或问题的后果不负责任，而是让人更需要且更有能力承担起责任，如果人就是问题本身，那么他能做的就很少，因为做出的努力仿佛是自我攻击和自我抵抗，而外化技术为做出行为，改变这种困境提供了更大的可能性。那些弥散性的、没有边界的"敌人"是最恐怖的。如果一个问题没有办法具象化、不能描述，那这个问题很难解决。但如果这个问题有个名字，有了边界，可以去讨论，可以去处理，人才有可能从问题中走出来。

（三）感受外化

1. **指导语示范**　首先可以通过下面几句话来体会外化。

孤单好像经常跟着你。（而不是"你大部分时候都是个孤单的人。"）

因此，压力干扰了你的生活。（而不是"你很有压力"）

绝望是如何影响着你的？（而不是"你陷入绝望"）

这种愤怒的情绪通常喜欢在什么时候想要控制你？（而不是"你什么时候会发脾气"）

2. **想象感受**　通过想象一个场景来体验外化的感觉：假如你是来访者，请你想象自己正身处在繁重的压力中，劳累的训练、复杂的疫情、枯燥的生活等，这些压力像一支支利箭，正朝自己射来，深深地射进了自己的身体里，你感到阵阵刺痛，非常虚弱、无力。现在作为来访者，应该感受到了问题的强大与自己的弱小，这正是来访者在生活中的真实感受，也就是将这种感觉内化了。

现在将它外化出来，请想象这些压力是自己前进道路上的一块块砖头，砖头甚至已经多得成为了一道墙。你正在努力地翻过这些障碍，举起锤子砸开一道道墙，坚定不移地继续走自己的路，到达你想要去的地方。如果此时外界有一些不友好的声音，就像外面有人向你扔砖头，你会怎么做呢？你将这些砖块捡起来，再扔回去，你感觉到自己有力量抵抗这些外界的不友好。

（四）对心理咨询师的要求

在传统心理治疗中，心理咨询师因具有丰富的专业知识而占据主导和权威地位，对来访者进行评估诊断，给出结论和建议。但在叙事治疗中，心理咨询师不再是解决问题的专家，也不是"修理工"的角色，不关注于改变来访者，而注重于对来访者生命故事的了解、欣赏和感动。因为每个人都是自己生命故事的专家，没有人比来访者更了解自己的过去和现在。心理咨询师在倾听来访者故事的时候，应该以好奇、放空、透明的态度，将自己定位在"去中心但有影响"中，始终确保让来访者对人生的理解和追求处于治疗核心所在，而不是心理咨询师自己的理解和偏好。努力创建协作型的治疗关系，陪伴来访者去发现被隐藏在问题故事之下蕴含的积极力量，与来访者一起重写生命故事。

二、实施方法

（一）"立场说明"地图

迈克尔·怀特在实践外化技术时总结出了一套"立场说明"地图供以参考，但这并不代表外化技术的所有方面，这也并不是外化技术实施的标准模板，可根据不同实际情况而进行调整改变。他将外化技术分为四个基本阶段：①命名问题；②描述影响；③评估影响；④论证评估（表 4-1）。

表 4-1　外化技术的基本阶段

命名问题	
描述影响	
评估影响	
论证评估	

```
0        10        20        30        40
              时间 / 分钟
```

1.命名问题　外化技术的第 1 步是对问题进行命名，可以是单字词语，也可以是简单的短语。只有知道了问题是什么，将它具体化、客体化，解决时才能更有针对性，这可以帮助来访者保持聚焦和明确的状态，重新取得对生活的控制感。比较理想的情况是，问题能够用来访者使用的语言来进行定义或用短语表示。此外，在伴侣或者同伴之间，为问题命名也可以减少相互指责或指向对方的人身攻击。一开始来访者会说，这都是他的问题，是他脾气不好，是他疑心病太重等，而给问题命名后可能就变成"人际冲突""关系中的压力""相处时的磨合"等。但是也有需要谨慎命名问题的情况，如暴力、欺凌问题等，决不能通过外化为来访者开脱责任。总之，与相互指责对方的不是而陷入恶性循环相比，为问题命名可能更有利于齐心协力解决问题。

总的来说，命名问题可以通过以下 3 个步骤来实现。

1）提问细节，请来访者更加详细地描述问题。

心理咨询师：能否请你讲得再详细一点？

心理咨询师：我对你刚才说的 ××× 很感兴趣，能再多说一点吗？

2）了解问题在来访者生活中的来龙去脉和发展过程。

心理咨询师：这个问题是从什么时候开始的？

心理咨询师：这种焦虑的情绪对生活施加影响有多久了？

3）同来访者合作商量一个名称。

心理咨询师：对于此时你所经历的，你会为它取什么名字？

心理咨询师：我想知道我们要怎么称呼这个问题？

心理咨询师：你可以给这个问题取一个名字吗？

也就是将一个看似抽象的事件概括为一个词、一个短语，给它一个名称。需要注意的是，问题的名称通常是名词，并且使用来访者自己的语言，命名的过程应该是来访者和咨询师共同协作完成的。

外化过程中常用的一个技巧是将来访者使用的动词或者形容词换成名词。例如：

　　来访者：我很抑郁（这种抑郁的情绪）。

　　来访者：我很绝望（这种绝望感）。

　　来访者：我很担心（你的这些担心）。

2. 描述影响　命名完问题后，则是对问题在生活各个方面的影响进行探讨。可对下面 3 个方面的内容进行探讨。

（1）影响方面：问题对来访者的哪些方面有影响？有什么影响？哪些方面影响大一些？哪些方面影响小一些？可以从工作、生活、人际关系、家庭等方面进行探讨。

　　心理咨询师：所以这种恐慌的情绪有时候会出现。这会影响到你和周围人的互动交往吗？或者别人对待你的方式？

（2）影响方向：这个问题要将来访者的生活带向什么样的地方？它是以什么样的方式进行？

（3）影响因素：来访者生活中哪些人、事、物是有助于 / 不利于问题的出现和发展的？或者说什么因素会增强问题的力量？哪些因素会削弱问题的力量？

　　心理咨询师：什么时候这种恐慌的情绪对你的影响可能会维持或增强？什么时候这种恐慌的情绪会对你没有那么大的影响？

3. 评估影响　通过探讨问题的影响之后，心理咨询师可以邀请来访者做一个评价判断：这些影响或者改变是不是自己想要的？感觉如何？这些影响对你而言是积极的还是消极的，或是两者都有，或是两者都不是，又或是介乎两者之间？

日常生活中通常会由别人来进行类似的评估，你这样不好，你不能这样做。来访者可能会感到自己没有选择，只能受制于问题的困扰。而这些问题或其他类似的问题能让来访者重新审视自己的生活，帮助来访者看到自己是有选择的机会和空间的。

4.论证评估　最后心理咨询师请来访者说明自己刚才对影响作出这种评估的原因。如果问题对其生活的影响是好的，为什么是好的？好在哪里？如果是不好的，为什么有这样的感受？可否讲一个生活中的故事，来解释为什么对问题的影响采取这样一种态度？

来访者对好的或不好的评估包含了他们对自己生活的理解和态度、未来的目的愿望、价值观等，这可能会促使来访者重新定义自我认同，而一旦来访者发现自己的愿望、目标或价值观等，这也就为其后续继续丰富原本单薄的故事打开了大门。例如，为枯燥的生活感到苦恼，认为生活无聊是不好的，因为这会浪费时间，这可能体现了来访者对于宝贵时间的重视或者对于自身的要求等。这些应该是由来访者表达出的自己内心的想法，而不是由心理咨询师提前预设的。

以上就是外化技术的基本思路。通过问题的外化，心理咨询师为来访者和问题之间分离出一定的空间，使得来访者能更加客观和全面地看待自己与问题的关系，问题对自己的影响也是有大有小的，此时来访者原本固化的自我认同就会有所松动。

（二）案例

受疫情影响，单位采取封闭隔离的措施，某战士感到心情压抑，烦躁且容易生气，偶有心慌、失眠症状。

首先，心理咨询师通过交流建立了良好的治疗关系，在此基础之上外化问题，与来访者共同商议，通过命名问题、描述影响、评估影响、论证评估等步骤，让来访者意识到这种压抑的情绪是如何产生并影响着自己的哪些方面，什么时候这种压力施加的影响会增加，什么时候会减小，有哪些不好的影响，又在什么时候会有帮助，这种压抑情绪的影响阻碍了自己哪些愿望的实现等。通过发现一些较少被压抑情绪影响的例外事件，心理咨询师引导来访者感受到自己的力量，接下来则可继续思考如何能够更好地处理与压抑情绪的关系，而不是与自己对抗。

（三）注意事项

在使用外化技术时需要注意一些暴力、虐待、欺凌等事件，外化不是将个体与他们的行为或行为的影响分开，外化的对象绝不是这些行为，不能通过外化而为他们开脱责任。外化关注的是哪些想法、观念诱发或维系着问题的存在，"控制感""优越感""别人的评价"等，找到对自己行为负责的方式，以另一种合适的方式重新安排自己的生活。

在外化问题的过程中，通常心理咨询师还需要进行解构式倾听或者双重倾听，相信问题不会百分百地控制人的整个生活，帮助来访者发现他原本具备的一些能力、力量、优点。心理咨询师在倾听的时候，一只耳朵听来访者的问题，另一只耳朵则需要听例外。例如，"恐慌"是问题故事的主题、题目，来访者所有的描述都会以"恐慌"为中心而展开。但同时也总会有一些不符合问题叙事的例外部分，如在某个时候没有那么恐慌，会比较轻松。通过双重倾听，心理咨询师较为完整地、全面地看到来访者的生活，来访者自己也会看到被问题控制和没有被问题控制的生活的领域。心理咨询师通过例外让来访者发现原来问题的影响力并没有那么大，问题并不是生命的全部，以此为突破口，进而发掘来访者自身的力量，丰厚自己的生命故事。

实际上，外化的效果很大程度上取决于心理咨询师的态度和观点，而不是具体的治疗技术。因此，外化并不仅是一种技术，更是一种面对问题的态度。其实外化本身并没有太多的诀窍、程序或准则，仅依靠治疗技术来处理来访者的问题可能是浅显的、强迫性的。如果不是真的相信人不等于问题，那么可能也很难看到个体内在的力量。叙事治疗赞同卡尔·罗杰斯的观点——治疗不能靠治疗的技术驱动。叙事治疗不仅是对技术的运用，它对心理咨询师的个人特质有很高的要求，心理咨询师应当创建出鼓励来访者从不同视角看待自己故事的氛围，而目标则在于帮助来访者发现生活的更多意义和可能性。

第十节　例外技术

一、理论来源

例外技术源于焦点解决短期咨询。焦点解决短期咨询是指以寻找解决问题的方法为核心的短程心理治疗技术，是后现代心理咨询的代表流派之一，其主要特征是治疗关注未来、目标明确。焦点解决短期治疗广泛应用于家庭服务、心理康复、社会服务、学校和医院等领域，并得到了积极的肯定。

焦点解决短期咨询的基本精神是强调如何解决问题，以正向的、朝向未来的、朝向目标的积极态度促使改变的发生。焦点解决短期咨询聚焦于来访者如何改变，所使用的语言是聚焦"改变"的语言。在咨询过程中，心理咨询师全神贯注地倾听与理解来访者的语言及其意义，特别关注于他们重视什么、想要什么以及曾经的成功经验（即例外），然后思考并提出下一个问句，尽量在问句中重复来访者的用字。在来访者的回答中，心理咨询师要参照来访者的视角持续倾听与理解，根据来访者的回答再接着形成下一个问句。这些焦点解决短期咨询问句往往隐含着对来访者能力的肯定。也就是说，通过心理咨询师倾听、理解、连结及来访者的回应，心理咨询师与来访者一起共同建构新的意义，来访者也因此发现自己拥有正向能力，从而使心理咨询朝向解决问题及创造美好未来的方向前进。

　　焦点解决短期咨询有很多代表性提问技巧，如例外技术和奇迹询问，当然在咨询中基本元素与基本技巧仍非常重要。比如，心理咨询师可以通过"一般化"来缓解来访者的情绪。心理咨询师可以就来访者所述，提供相关的专业信息给来访者，让来访者觉得他的遭遇具有普遍性，许多人都是这样的，都可以走过来，从而使来访者降低恐惧感，接纳自己的问题。焦点解决心理咨询师会比较注重使用一些语言以产生暗示性，导引来访者往正向、积极、解决方法的思考方向。比如，面对来访者，心理咨询师问："你今天想要改变的是什么？"这句话暗示着来访者今天是想要改变，心理咨询的方向是和改变的目标有关的内容，而不只是抱怨问题。心理咨询师对来访者表现正向力量、资源的地方，要随时给予鼓励和赞许。向来访者表达支持、肯定，有助于营造正向、积极、乐观、期待改变的气氛，使来访者对自己有信心。焦点解决短期咨询认为，人具备解决自己问题的力量与资源。在来访者面临极艰难的处境时，心理咨询师要看出来、找出来访者在逆境中的生命力。比如，心理咨询师说："我能了解你很担心（疫情中）家人的生活和健康，但是你仍然非常负责地完成每天的工作，在这么艰苦的情况下，你怎么能够做到一直坚持？"心理咨询师引导来访者去看自己做了什么，这里面就蕴含着来访者解决问题的力量与资源。

二、技术介绍

例外技术是焦点解决短期咨询的代表性技术之一，其基本理念是凡事总有例外，解决问题的方法就在例外之中。心理咨询师可以通过询问来访者做了什么而使问题没有发生或没那么严重，并加强、加多例外情景的发生，使小小的例外变成改变的开始，逐步发展成更多的改变。也就是引导来访者看到问题不发生或不严重的时候，以及探讨这些时刻是如何发生的，以找到过去成功的解决方法并用于现在。比如，来访者想解决失眠的问题，心理咨询师可以说："能不能讲一讲在这段失眠的日子里，有没有不失眠的情况？能不能谈谈当时是什么导致你容易入睡？"

在寻找例外的过程中，心理咨询师可以融合使用其他询问技术，如评量询问，利用数值的评量（0～10）协助来访者将抽象的概念以具体的方式加以描述，使来访者可以清晰地看到自己当下的状态及改变目标，使短期目标、长期目标具体化。比如，心理咨询师问："在一个 0 到 10 的量表上，如果 0 表示非常不好，而 10 表示非常好，你对现在的评分是多少？对上周状态的评分是多少？你做了什么使得状况有改善呢？有什么是跟平时不一样的（例外）吗？"

奇迹询问也是焦点解决短期咨询的代表技术之一。有些时候来访者一时想不出"例外情景"，此时心理咨询师可以使用奇迹询问，依照来访者的参照框架加以想象问题解决了、不存在时的景象，专注未来导向，引导来访者去看当他们的问题不再是问题时他们的生活景象，它将来访者的焦点从现在和过去的问题移动到一个比较满意的生活。比如，心理咨询师可以说："一个奇迹发生，使你来这里的问题解决了，当奇迹发生时你的生活会有什么不一样？"之后再结合其他问句带领来访者思考如何向此愿景靠近一步。

三、例外技术的应用

很多情况下都可以使用例外技术。当来访者没有清晰的目标时，心理咨询师可以使用例外技术促使他形成目标；当来访者已有清晰的目标时，可以使用例外技术促使其形成行动；还可以使用例外技术引发来访者利用过往经验面对当前问题，或是维持来访者的改变。

（一）来访者还没有清晰的目标，促使形成目标

在心理咨询中，尤其是咨询开始阶段，来访者很多时候是在描述困难、问题、不开心或抱怨，以及对未来的担心或焦虑，但是对于自己的咨询目标并不明确。在这个阶段，心理咨询师的陪伴、倾听、共情很重要。对来访者给予理解和认真倾听，能够让来访者感到温暖、被关心和有稳定感，也就是传递给孤单无助的来访者这样的信息——有人在关注我、理解我，明白我现在的感受。当来访者感觉到自己被倾听和理解之后，他会愿意与心理咨询师一起将咨询深入下去。这时，心理咨询师可以引导来访者进一步讨论咨询目标。在这个过程中，心理咨询师可以引导来访者去思考"例外"，来访者真正想要的是什么，也就是问题没有发生或者不严重的时候是怎么样。心理咨询师可以问："什么时候问题不会发生或较少发生？"

例1：来访者是一名正在被隔离的高三学生。

来访者：我一想到别人可能都在努力复习，心里就紧张、焦虑，觉得自己被落下了，在这个环境里自己学得不好，肯定考不好。

心理咨询师：那你什么时候想到别人学习时，自己不会感到紧张、焦虑呢？（什么时候你不太容易想到别人的学习呢？）

来访者：就是自己有时间计划，专心学习时，就不会紧张、焦虑了。

（就是自己在学习的时候，就不太容易去想别人的事。）

通过寻找"例外"，发现"时间计划""专心学习""关注自己的学习"就可能成为目标。

例2：来访者是一名因为疫情被隔离而不能回家的年轻女性。

来访者：我在武汉工作，本来是要回老家过年的，突然因为疫情回不了家。在这里我没有家人和朋友，就自己一个人。这两天我感觉自己有点不舒服，我很害怕，晚上也睡不着，心情很不好。

心理咨询师：你真的很不容易，自己一个人很孤独，为了配合控制疫情，也没能回家过年。你希望我可以帮你些什么呢？

来访者：我想晚上不再因为害怕感染而失眠、情绪失控。

心理咨询师：在这段时间里，有没有哪天你睡得比较好一点呢？有没有什么时候你的情绪比较平稳呢？

通过倾听和共情，与来访者建立良好的咨访关系，引导来访者聚焦目标，通过"例外"寻找解决方法。

（二）来访者已有清晰的目标，促使形成行动

针对来访者的目标，心理咨询师与来访者积极探讨过去的成功经验，重视小小的成功，发现各种资源和优势力量，尤其关注最近发生的"例外"（成功）。因为才发生不久，来访者比较容易记得细节，而且对于再次发生的可能性较具有说服力。心理咨询师协助来访者找到"例外"，找寻有效要素，开发各种可能性，促使来访者形成行动，逐步建构解决方法。心理咨询师可以问："你什么时候做过一些想要它发生的事情？"通过这样的询问，心理咨询师可以帮助来访者发现他曾经做过的、朝向他的目标的行为。继而心理咨询师可以鼓励来访者多做他/她曾经做出的有效行为，从而实现问题的解决。

例3：来访者是一名因长时间被隔离在家，因为生活方式与父母产生矛盾的年轻人。

来访者：我妈妈一点儿也不了解我，她不懂我需要什么，也不能理解我的感受，我也想对她说出我的感受和需要，可是我感觉无法和她沟通。

心理咨询师：你希望向妈妈说出感受和需要，你什么时候曾经向她说过一点儿你的感受和需要呢？

例4：来访者是一名特别担心自己感染新型冠状病毒的年轻女性。

来访者：我太害怕了，我本来是来部队探亲，结果遇到疫情，回不去了。前几天我还带着孩子去医院看过病，会不会被感染？我特别焦虑。

心理咨询师：你带着小宝宝来探亲，本来是一家团圆，结果遇到疫情，确实很突然，也很不便。从你描述的来看，全程都做了严密的防护措施，被感染的可能性其实非常低，你同意吗？以前你有过特别焦虑的时候吗？曾经做过什么来缓解焦虑呢？

心理咨询师可以先与来访者交流一些新型冠状病毒的相关知识，对于焦虑的来访者而言，权威的信息能够在一定程度上降低来访者的焦虑感和恐惧感。当来访者的情绪得到一定缓解之后，心理咨询师可以引导来访者想想自己在过往焦虑和担忧的时候都是如何应对的，有哪些有效经验和方法可以在这次使用。

（三）引导来访者利用过往成功经验面对当前问题

在咨询中，当来访者明确了咨询目标，接下来心理咨询师就要围绕来访者的目标继续工作，引导来访者找出曾经的"例外"，也就是成功经验。这个过程中，如果心理咨询师一味地说教，教导来访者应该用什么策略，如"读哪本书，学习情绪控制理论等"，来访者可能会因为觉得自己能力不够、学不会新技能而出现退缩。对于处在困境中的人，学习新技能比从已有的资源中寻找经验要难得多。心理咨询师可以引导来访者从过去中寻找资源、经验、能力和优势，从而增强来访者的自我效能感，提升其行动力。心理咨询师可以使用这样的问句："以前有没有遇到过相似的困难？你那时是如何处理的？""你想你需要做什么，可以使你能再次成功地做到过去做到的事？""过去的处理方法中，有没有什么可适用解决现在的困境？"

例5：来访者是一名因疫情被隔离的大学生。

来访者：我待在家里这么长时间，感觉越来越控制不好自己的情绪，居家隔离也没法运动，感觉身体也变差了，很想调整好情绪，锻炼好自己的身体。

心理咨询师：你在过去这段时间里有没有将自己的情绪控制得比较好的时候？是什么时候呢？那个时候你做了什么呢？以往有没有在家里锻炼过身体？

心理咨询师可以和来访者一起回顾过往成功的经验和资源，看看哪些可以用于现在的情况。

例6：来访者是一名很焦虑的职员，因为疫情无法复工，很担心工作不保。

来访者：我最近特别焦虑，总担心自己的工作不保，怕复工后达不到公司要求被辞退，每天都特别惶恐，吃不下饭，睡不好觉。

心理咨询师：在你以往的人生中，有没有和现在一样焦虑的时候？你能和我说说，那时的你是怎么战胜了让你焦虑的事情吗？如高考的时候，压力那么大，你是怎么挺过来的，还考上一所名牌大学？你想到了什么？

心理咨询师可以和来访者一起探讨，焦虑其实是人的一种应对机制，焦虑感可以让人更努力地学习或工作，做更多的准备，更加谨慎，从而保证自己更加安全、达到更高的目标，所以焦虑本身是有一些积极功能的。但是，过度的焦虑会影响正常的生活和工作效率。因此，合理调节非常重要。心理咨询师可以引导来访者思考以往应对焦虑做过哪些事情，如来访者可能会说以前应对高考焦虑是做更充分的准备，更有计划地学习，从而缓解了焦虑。这时心理咨询师就可以和来访者一起探讨是否可以在家里为复工做一些提前准备和技能储备。

（四）维持来访者的改变继续发生

"例外"是焦点解决短期咨询的基本假设之一，来访者所抱怨的问题一定有例外存在，只是被来访者忽略，心理咨询师的责任是协助来访者找出例外。引导来访者去看抱怨的问题没有发生或没那么严重的时候，到底是发生了什么事。在探讨例外时要追求细节，找出问题发生与未发生之间的差异，如谁、什么、何时、在哪里发生等，才能判断该例外是有意的（有计划的）还是无意间发生的。不管例外的发生是自发性的或有计划的，有步骤地进行都要加以详细讨论，以作为行动的参考。在最初的心理咨询之后，来访者可能会尝试一些办法，在后续的咨询中，心理咨询师可以就来访者做出的改变进行讨论。比如，心理咨询师可以问："上次咨询回去以后，你做了什么改变？有什么不一样的变化吗？"

例7：因疫情防控要求学生居家学习，一位家长觉得孩子居家学习很拖拉，学习效率低，很着急，经常跟孩子发生争吵。

来访者：上次咨询完，我感觉和孩子的相处好了一些。

心理咨询师：上次咨询后，你和孩子之间发生了什么事，或者你做了些什么，使得你们的相处好一些了呢？

来访者：我观察了一下，家里的学习环境不太好，家里人看电视或玩手机，环境嘈杂，孩子注意力不集中。所以，现在我在家里给孩子专门布置了一个地方学习，而且让家人在他学习时保持安静，孩子学习专心一些了，我训他也少了。

心理咨询师：的确，居家环境没有学校那样学习氛围浓厚，也没有老师的严格管教，孩子可能会出现写作业拖拉、注意力不集中等情况。那么，还有哪些是不一样的吗？

来访者：我骂他少了以后，他好像也没那么讨厌学习了，我和他说做完作业的时间是他自己的，他现在不抵触写作业，以前就是一会儿削铅笔一会儿找橡皮，还容易漏题或出错，磨磨蹭蹭浪费很多时间。

心理咨询师：孩子不抵触学习是一件好事。那么，以往有没有过孩子又快又好地完成作业的时候呢？那个时候是怎么样的呢？当时是什么情况呢？

在最初的咨询中，心理咨询师和来访者可能就问题探讨了一些"例外"，来访者可能会将这些例外中蕴藏的解决方法用于现在的情况。在后续咨询中，心理咨询师可以就来访者做出的行动进行讨论，看看这些行动是否有效，有效的话可以再继续维持。如果效果不够好，可以与来访者再次探讨"例外"发生的情况，找出曾经用过的有效的办法和资源，利用已有的经验解决现在的问题。

第十一节　"我是我"技术

一、技术原理

突发公共卫生事件的发生会给人造成很大的压力。这种压力一部分来源于事件本身对人的心理影响，如2003年重症急性呼吸综合征（SARS）流行期间，关于SARS的一些信息，如"SARS是一种严重的传染性疾病""现在没有有效的治疗SARS的方法"等，会给人造成很大的心理压力，引发个体的情绪。突发公共卫生事件对人产生的压力还有一部分来源于人们相互之间的比较。比如，突发公共卫生事件发生后，人们在生活中会面临很多的选择，如果个体与他人的选择存在不一致，就可能使个体产生心理压力，如其他人都不佩戴口罩，我戴不戴？事件后期，其他人都已经出门聚餐了，我要不要出门？单位里其他同事捐了200元，我要捐1000元会不会太"出风头"了？等等。这些想法可能会使个体陷在情绪中，而无法将注意力集中到现实问题的处理上，从而产生心理压力。

为了减少第2种压力的可能性，帮助他们从突发公共卫生事件后的负面情绪中摆脱出来，需要运用到"我是我"技术。

为了掌握这个技术的原理，大家先来看一个生活中的小故事。

> 一次聚会上，朋友讲起他孩子的事，说到现在的孩子如何聪明，对父母教育提出了挑战。
>
> 朋友的孩子约八九岁的年纪，人很聪明，但缺点是喜欢玩而不爱学习。朋友下班回家的时候，经常看到孩子"不务正业"

地在玩玩具、看电视、打游戏，看到这一幕，朋友教训他："你怎么又在玩？！你看对门的小张，他和你是同班同学，人家一放学就乖乖在家做作业，你要好好向人家学习！"。开始的时候，朋友的话很管用，孩子听完话后就乖乖地进房间学习，朋友内心也很得意，认为自己"教子有方"。

有一天，朋友回家看到孩子在看电视，又讲了上面那番话，原以为孩子会像往常一样回房间学习，但那天孩子头都没回，说了一句："他是他，我是我！他喜欢学习，我喜欢看电视啊！"然后接着看电视。听了孩子的话，朋友竟一时语塞，不知如何继续教育下去。

分析一下这个小故事背后的心理学原理，可以帮助我们更好地理解"我是我"技术。

站在孩子的角度看，大家会发现朋友下班时常讲的那句话会给孩子造成心理压力，其背后的逻辑是这样的："你和小张是同学，他在好好学习，所以你也要好好学习！"。事实上，孩子以往听了那句话后回房间学习的行为，证明了他确实感受到了压力，并做出了行为上的改变。

孩子最近的行为为什么会发生变化呢？从他的回应中，大家可以看出他内心的想法发生了变化。虽然他面临以往类似的心理压力源（爸爸），但他内心关于自己和小张关系的看法（认知）发生了改变，从以前认为的"小张和我是同学，我们是一样的"，变成了"小张和我是同学，但我们是不一样的，他是他，我是我"。正是因为出现了这样的认知转变，朋友原来对孩子构成压力的话现在失去了

"威力"，因为在孩子心中，"我和小张不一样，他可以有他的选择，我也可以有我自己的选择"！

"我是我"技术借鉴了自我暗示的原理，通过不断地暗示，强化这样一个简单的事实："世界上的每一个个体都与其他人是不一样的，具有独特性，每个人也都可以有不一样的生活选择，没必要和别人一样。"达到帮助来访者坚定自己选择的目的。

二、技术练习

想象一下：你和一群人站在一起，你周围的这些人和你有着相似身份，他们可能曾经和你坐在一个教室里学习，所以你们是"同学"；你们可能都在一家单位工作，所以你们是"同事"；你们可能都组织了家庭，并且有了孩子，所以你们是"父亲"；你们也可能都与父母住在一起，所以你们是"子女"。

接着想象：忽然发生了一件事，整个人群对这件事发生的反应非常一致。比如，被老师批评后，同学们都低下了头；领导在向大家安排工作，同事都装出事不关己的样子，希望少做点事；孩子回家，拿出的成绩单很不理想，父亲们都露出生气的神色；父母生病，子女都放下了工作，在病床前照顾。

继续想象：慢着！遇到这些事情的时候，你和别人的想法好像有点不一样啊。教师批评了我们，其他同学都低下了头，但你觉得不能完全将责任推到同学身上，要不要表达自己的意见？领导安排工作，虽然其他人都想敷衍，但你感觉努力工作更符合自己的人生追求，要不要主动请缨接受任务？孩子的成绩单不理想，其他父亲想责怪孩子，但你觉得应该更多地给他支持，要不要给孩子一些鼓励？可是，如果你要做出这些和别人不一样的选择的话，别人会怎么看你？他们会不会觉得你是异类，不接纳你、不喜欢你？你应该遵从自己内心的想法还是和周围人做出一样的选择？

现在，请仔细体会一下你现在的压力……

试着想象下面的景象：你依然和其他人在一起，你们拥有类似的身份，但你和他们是不一样的个体啊，他们是他们，你是你！你的人生经历和他们不一样，你头脑里的念头和他们不一样，你所处的环境和他们不一样，你的生活目标也和他们不一样啊！

想象一下：虽然你和其他的人在一起，但能被称为"我"的没有别人，只有你自己，剩下的那些人只是"其他人"而已（图 4-1）。你曾经的独特经历、你的思想、你的人生目标使你成为一个和"其他人"截然不同的人，也使你和其他人区分开来，在你们之间存在明确的界线用于区别彼此。此时，即便其他人对外界事物都做出同样的反应，做出了类似的选择，那个独特的我，和其他人不一样的"我"依然可以做出和他们不一样的选择，因为"他们是他们，我是我（第一人称），我当然可以做出和他们不一样的选择"。

所以，老师批评了你的同学，虽然有人低头认错，但你觉得老师处理这件事的方式并不恰当，你可以表现出与他们有不一样的反应；领导布置工作时，虽然很多人不愿配合，但你对自己的要求和他们不一样，你当然可以选择在工作中勇挑重担；孩子成绩不理想时，虽然很多父亲都会生气，但你对孩子的状况更了解，你知道孩子这时候可能更需要关心而不是指责，你当然可以去关心而不是责骂他……

现在，再仔细体会一下你的压力，你应该感到压力已经减轻了很多。

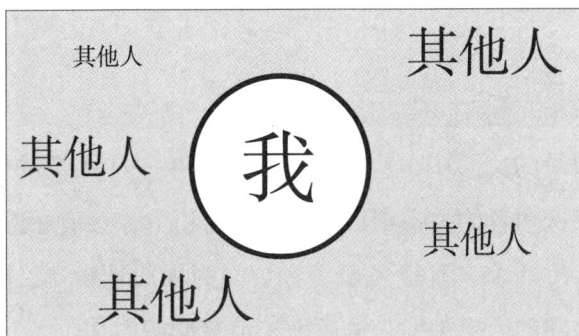

图 4-1　把其他人和"我"区分开

在运用"我是我"技术时，需要让来访者经常在心中默念"其他人是其他人，我是我，我们不一样，我们也可以做不一样的选择"。这样的干预效果会更好。

三、咨询案例

来访者述说，单位组织捐款，绝大多数人都捐了200元，自己因为更了解受疫情影响群众的生活，因此想多捐点（1000元），但又担心其他人会因此议论自己的行为，说自己"想出风头""想表现自己"，从而产生了很多的心理压力，伴随有焦虑、抑郁等情绪反应。

实际干预时，心理咨询师可以先引导来访者想象自己和其他人的不同，"他们是他们，我是我，我们不一样……"，然后再帮助来访者坚定自己的选择。

必要时，心理咨询师可以让来访者在进行"我是我"技术练习时，可以对着镜子中的自己讲话，效果会更好。

第十二节 "小白鼠"技术

一、技术原理

在因和果的关系中，应该是有因才有果。在人们的行为和行为导致的结果这两者的关系中，也需要先有行为才会有相应的结果。

在现实生活中，有很多来访者会因为无法理清自己的行为和想要的结果之间的因果关系，从而陷入情绪冲突中。

比如，一位男性来访者因为和妻子关系不好前来进行心理咨询。在咨询中，心理咨询师了解到两人的沟通模式存在一定的问题，提醒来访者可以尝试改变一下和妻子交流的方式。结果，来访者立即出现了强烈的情绪，说道："凭什么让我改啊，我觉得她才要改，我对她已经那么好了，她怎么就不能先改变一下……。"

但是，在心理咨询过程中，心理咨询师并不能直接改变这位来访者的妻子，在他们夫妻二人中，心理咨询师能够改变的只有来访者自己。

这位来访者的问题就像是一条尾巴被自己咬住的蛇，分不清首尾（因果），因此也很难从困境中走出来。

这种情况下，心理咨询师可以使用"小白鼠"技术帮助来访者。

根据条件反射理论，人们可以通过特定的行为来训练笼中小白鼠的情绪反应。比如，希望小白鼠见人就害怕、紧张，那就每次见小白鼠的时候做让它害怕、可能伤害它的行为——敲笼子发出巨响吓唬它……总之，小白鼠怎么难受怎么来；反之，如果希望小白鼠见到人满心欢喜，则可以每次见它的时候给它喂食、为它通风、帮它捋毛、给它洗澡（图4-2）。

图4-2　"小白鼠"技术

条件反射理论不仅适用于小白鼠，同样也适用于人类。事实上，人和小白鼠的行为、情绪反应非常地相似：如果你希望他/她对你好一点，你做那些让她/他高兴的事；如果你希望对方害怕你、讨厌你，就对他/她做那些让其不舒服的事。

上面这段话描述了人的基本情绪反应规律。在人际交往中，掌握了这一规律就掌握了和人建立关系的金钥匙。你可以利用这一规律让其他人远离你、怕你、讨厌你，当然只要你愿意，你也可以利用这一规律让其他人接近你、喜欢你、爱你。总之，你学会了影响人、改变人的行为。

想象一下：现实生活中有些人对你的态度（行为）不够好，你对这种状况不满意，希望他/她对你的态度更好些，你完全可以将他/她当成一只小白鼠，思考哪些做法会让"小白鼠"开心，然后照样去做就行；反之，如果有人和你太过接近，你不喜欢这种状态，同样将他们想象成你生活中的一只"小白鼠"，做那些让他/她讨厌的事就行。

这一技术被称为"小白鼠"技术。

这一技术的核心是将对方当成小白鼠，而不是当成与自己平等的某一个人，因为一旦你将对方当成一个和自己差不多的人，你会产生和上面那位来访者同样的情绪，"大家都是人，凭什么要我先做出改变？"。而当你将对方当成小白鼠时，你就更容易做出改变，而不是产生情绪——改变的结果是对自己有利。毕竟，"小白鼠"是低等动物，人们不容易和"它"计较，为了让"小白鼠"做出对你有利的事，先做出点改变有何不可？

二、技术演练

以前面提到的来访者为例，在这一婚姻关系中，来访者并不觉得开心，但在他原先的认知观念中，妻子才是导致夫妻关系不好的"罪魁祸首"，妻子的行为是不对的，妻子做得太过分了。可以想象，虽然来访者在这段关系中非常不舒服，但来访者对妻子的固有观念将导致他很难在夫妻关系中先做出改变，换句话讲，来访者很难去改变自己婚姻关系不良的现状。

心理咨询中运用"小白鼠"技术，可以帮助来访者走出困境。首先，心理咨询师引导来访者想象妻子是一只"小白鼠"，并且反问自己："家里有一只'小白鼠'让我觉得很不舒服，我可以做什么事让自己的状况更好一些？"对来访者来说，一旦有了这种做些什么去改变生活现状的想法，他总可以想到改变自己现状的方法和对策的。而且，更关键的是，有了这种想法，来访者在婚姻关系中会表现得更主动，可以不断地去尝试各种新的方法。

这一技术同样也适合那些遇到职场困境，觉得办公室同事联合起来针对自己,但自己又不愿主动做出行为改变的来访者。在咨询中,可以引导来访者反问自己:"我每天走进办公室,都要面对一窝'小白鼠',这窝'小白鼠'对我不怎么好,我可以做些什么来让它们对我好一些? 当然,这窝'小白鼠'里可能还有一只'白鼠头目'(领导)⋯⋯"一旦来访者拥有了这种想法,他会很容易就找出改变自己职场困境的方法,并且愿意去付诸实施。

对"小白鼠"技术还可以进行更进阶的运用。比如,引导来访者想象如下的场景:"在我生活的地球上,有 70 亿只小白鼠,我和它们一起生活,我做什么可以让这 70 亿只小白鼠对我好一些⋯⋯"这种"小白鼠"技术的进阶运用会让来访者更容易做出主动的改变,对自己的行为负责。

第十三节　手指操

◐ 一、技术原理

国外很早就开始流行"手指滑板",它是由美国的一位滑板爱好者发明。他为了在雨天也能练习酷爱的滑板,便在家中以手指代替双脚,摁在和示指差不多大的微型滑板上进行练习。初学者一般在桌子上练习简单的前进后退,待手指可以轻松操控指板滑板时,就可以尝试着飞越一支笔、一把尺子、一只鼠标,甚至跳过一本书、一个纸杯而不让指板滑板掉下来。这一极富想象力的创意随即迅速流传开来,成为风靡一时的指尖运动。我们国内的手指运动也很丰富。手指走路的方法灵活多样,既可以像螃蟹一样横着走"一"字,也可以走"米"字、"8"字,还有五角星形、S 形路线,弹钢琴、波浪前行、石头剪子布和筷子操。

为什么手指运动和情绪有关呢？脑科学家认为，大脑中的杏仁核、眶额叶皮质、脑岛及外侧前额叶皮质层区域参与了情绪的加工过程。经常活动手指来刺激大脑，可以延缓脑细胞的衰老，改善记忆力、思维能力。合理锻炼我们的左右手手指，可以充分调动大脑左右脑的协调工作，开发弱势脑，改善左右脑半球的交流，提高大脑注意力，激发大脑活力和潜能，具有消除疲劳、减轻精神负担和缓解紧张焦虑情绪的功能。

另外，手指操将音乐疗法和流行的手指运动融合在一起，对我们的节奏感、想象力的培养也有着很大的作用。灵活的肢体语言和欢快的音乐，给予我们积极的暗示力量。通过一边听唱，一边动作，学习、娱乐、动手、动脑相结合，在大家一起看、一起做的互动式游戏中，最大限度地使更多感觉器官的全面开放，在游戏中获得了成长，运动中相互展现愉悦的表情，增强了感情的交流。

手指操不受时间、场地、条件、年龄、人群的限制，随时可以开展，我们可根据受众接受能力，教育内容的需要来选择相应的手指活动。一般应用于团体和小组训练当中，这可以增进集体凝聚力和从集体中获得榜样的力量，起到积极的心理促进作用。在轻松愉快的气氛中，手部肌肉得到锻炼，积极快乐的资源被挖掘，潜能得到开发，心灵得到滋养。

在抗击新冠肺炎疫情工作中，医护人员主要会出现焦虑、恐慌、抑郁等情绪反应，躯体不适反应及各种类型的睡眠问题，还有个别人会出现紧张、敏感多疑等。因为场地、设备原因，开展心理服务工作的形式会受到限制，很多常用的干预技术无法实施。手指操适合此种情形下应用，激活躯体的感受，对缓解焦虑抑郁等情绪有很好的效果。而且，医护人员在病房对患者进行手指操训练时发现，这种方式可以明显缓解患者的焦虑情绪。

二、技术演练

1.手指操的实施方法　我们可以先从最简单的手指运动开始训练，双手手指同时比数字，如说 1+1=2，2+1=3，3+1=4……以此类推，或者用"马兰花，马兰花，马兰开花二十一，二八二五六，二八二五七"等数字歌曲进行互动，通过数字的变化进行训练，难度逐渐增加，速度可以放快。也可以让大家和我们一起学手语动作，用流行歌曲或鼓舞人心的音乐带大家做手语手指操。如疫情之初，选择《不放弃》手语操："一群人，一条路，坚持一直走下去。在一起，不容易，相守更加了不起。一群人，一条心，再苦再累也愿意。在一起，不容易，点亮生命不放弃。不管多少风雨，我们迎风前进。不管多少失败，我们永不言弃"。在医务人员疲惫辛苦阶段，只能透过心灵的窗户来识别对方，为了鼓励大家，让大家展露笑容，选择歌曲《你笑起来真好看》："想去远方的山川，想去海边看海鸥，不管风雨有多少，有你就足够。喜欢看你的嘴角，喜欢看你的眉梢，白云挂在那蓝天，像你的微笑。你笑起来真好看，像春天的花一样。"

具体做法：每天早晚 8 点左右，是我们头脑最清醒、记忆力最好的时候，也是练习手指操的最佳时机。每次练习 15 ~ 20 分钟，就可以起到转移注意力、训练大脑协调性的作用。

2.手指操的一些基础训练

（1）基础活动手指训练（难度系数：☆）：伸出双手，捏成拳头，从大拇指开始，依次打开，变成手掌；然后再从小指开始依次闭合手指，变成拳头。反复快速练习，起到活动手指和刺激大脑的作用。

（2）趣味摸鼻子耳朵训练（难度系数：☆）：此训练可当游戏玩。具体做法是：先拍手，双手对拍一次，然后右手摸鼻子，左手摸右耳；再拍手，左手摸鼻子，右手摸左耳。交替练习，不断加快速度。（类似的游戏还有很多，可以自己研究一些玩玩）

（3）对接手指训练（难度系数：☆☆）：两手张开，在空中对立，然后两手的大拇指轮流对接另一只手的示指、中指、无名指和小指。具体做法是：左手大拇指对接（触碰）右手示指→右手大拇指对接左手示指→左手大拇指对接右手中指→右手大拇指对接左手中指。循环往复，熟练之后，保证对接正确的情况下速度越快越好。

（4）并拢手指训练（难度系数：☆☆☆）：张开手指，开始训练：①大拇指和示指并拢，同时做到剩余三指并拢；②大拇指、示指和中指并拢，同时做到剩余两指并拢；③除小指外，剩余四指并拢；④示指和中指并拢，同时做到无名指和小指并拢；⑤无名指和中指并拢；⑥无名指和中指并拢，同时做到示指和大拇指并拢。

训练要求：在训练过程中，手指最大程度地保持在同一平面；并拢手指与并拢手指之间区分开来，最大程度地扩大距离。

训练目标：不断熟练，练习到能随意变换。

做完这些动作，手一定很酸，用训练1活动一下手指即可。

参考文献

［1］陆林，王高华，等.新型冠状病毒肺炎全民心理健康实例手册[M].北京：北京大学医学出版社，2020.

［2］郝蕙玲，李卫鹏，等.舰船新型冠状病毒感染的预防与控制[M].北京：世界图书出版公司，2020.

［3］（澳）迈克尔·怀特.叙事疗法实践地图[M].重庆：重庆大学出版社，2015.

［4］Martin Payne.叙事疗法[M].北京：中国轻工业出版社，2018.

［5］李明.叙事心理治疗[M].北京：商务印书馆，2019.

［6］崔东红，蒋春雷.冥想：科学基础与应用[M].上海：上海科学技术出版社，2021.

［7］王云霞，蒋春雷.正念冥想的生物学机制与身心健康[J].中国心理卫生杂志，2016，30（2）：105-108.